Doston Xamidov

Достон Хамидов

INFORMATION TECHNOLOGY AND SCIENCE

ИНФОРМАЦИОННЫЕ ТЕХНОЛОГИИ В НАУКЕ

(научные разработки)

ISBN 978-93-5872-188-1

Book	:	Information Technology and Science
Author	:	**Doston Xamidov**
Publisher	:	Taemeer Publications
Year	:	'2024
Pages	:	226
Title Design	:	*Taemeer Web Design*

Настоящее учебное пособие состоит из двух частей. В первой части в сжатом виде излагается теоретический материал в традиционной лингвистической терминологии. Обращается внимание на различные точки зрения по некоторым спорным вопросам морфологии. К каждому разделу прилагается список литературы (монографии, учебники и учебные пособия, статьи) для самостоятельного изучения.

Вторая часть пособия представляет собой хрестоматию по морфологии современного русского языка, в которой содержатся выдержки из монографий, учебных пособийи статей известных лингвистов. Подбор хрестоматийной литературы осуществлялся таким образом, чтобы каждому разделу нормативного курса морфологии (первая часть) соответствовали один-два лингвистических первоисточника (вторая часть). К каждому первоисточнику дается задание и контрольные вопросы.

Таким образом, изучающему курс морфологии современного русского языка представляется возможность не только освоить основные понятия нормативного курса, но и расширить свои представления в том или ином вопросе путем ознакомления с оригинальными взглядами ученых-лингвистов на данную проблему.

Такой подход к изучению теоретического материала должен содействовать развитию лингвистического мышления обучающегося, осознанному выбору темы для дальнейшей учебно-научной работы над курсовыми и выпускными квалификационными сочинениями. Учебное пособие предназначено для студентов филологических факультетов высших и средних педагогических учебных заведений, учителей школ.

Автор.

СОДЕРЖАНИЕ

Тема 1. Введение. Разделы языкознания: фонетика, лексика, морфология, синтаксис, стилистика. Лексическая тема: Узбекистан-государство с великим будущим.................8

Тема 2. Фонетика. Буквы и звуки. Гласные и согласные звуки. Твёрдые и мягкие, звонкие и глухие согласные звуки. Лексическая тема: Традиции и обычаи Ўзбекистана……...................................14

Тема 3. Слог. Ударение. Соотношение звуков и букв. Лексическая тема: Лексическая тема: Общие сведения о России……...........................18

Тема 4. Фонетические и орфоэпические нормы произношения Лексическая тема: Образование в Ўзбекистане....................................23

Тема 5.Заимствованные слова, фразеологизмы, профессиональные слова, новые слова. Лексическая тема: Наш институт...................26

Тема 6. Лексика. Синонимы, антонимы, омонимы, паронимы. Лексическая тема: Мой первый день в институте....................29

Тема7. Морфология. Самостоятельные и служебные части речи. Лексическая тема: Учебный процесс в институте....................34

Тема8. Имя существительное. Собственные и нарицательные, одушевлённые и неодушевлённые существительные. Род имён существительных. Существительные общего рода. Число существительных. Лексическая тема: Рабочий день студента.................................41

Тема 9. Склонение имён существительных. Падежи русского языка.

Лексическая тема: Институтская библиотека.................................45

Тема 10.Склонение одушевлённых и неодушевлённых существительных. Лексическая тема: Студенческое общежитие.................................54

Тема 11.Несклоняемые имена существительные. Род несклоняемых существительных. Лексическая тема: Наша дружная семья....................59

Тема 12. Имя прилагательное. Разряды прилагательных. Полная и краткая форма. Лексическая тема: Природа Узбекистана................................68

Тема 13.Склонение прилагательных. Лексическая тема: Инженер - это изобретатель-энтузиаст.......................74

Тема 14. Имя числительное. Количественные и порядковые числительные. Простые и составные числительные. Лексическая тема: Информационные технологии в профессиональной деятельности................................79

Тема 15. Склонение количественных числительных.

Лексическая тема: Информация. Свойства информации……………………………………………..89

Тема 16. Склонение порядковых числительных. Лексическая тема: Основные тенденции развития информационного общества…………………..94

Тема 17. Местоимение. Разряды местоимений. Лексическая тема: Принцип построения компьютера…………………………………99

Тема 18. Склонение местоимений. Лексическая тема: Внешние устройства…………108

Тема 19. Глагол. Наклонение глаголов. Время глаголов. Лексическая тема: Память компьютера………………………………..122

Тема 20. Виды глагола. Лексическая тема: Носители информации………127

Тема 21. Спряжение глаголов. Лексическая тема: Программное обеспечение компьютера…………………………134

Тема 22. Формы глагола: причастие и деепричастие. Лексическая тема: Информационные технологии в профессиональной деятельности…………144

Тема 23. Наречие. Лексическая тема: Текстовые редакторы……………153

Тема 24. Служебные части речи. Предлог. Союзы. Частицы. Междометия. Лексическая тема: Форматирование…………………164

Тема 25. Синтаксис. Словосочетание. Простое и сложное предложение. Лексическая тема: Форматирование. 174

Тема 26. Члены предложения. Главные члены предложения. Лексическая тема: Как устроен компьютер....................180

Тема 27. Второстепенные члены предложения. Лексическая тема: Выдающиеся личности Узбекистана...................... 189

Тема 28. Стили речи. Разговорный стиль. Официально-деловой стиль. Жанры официально-делового стиля. Лексическая тема: Амир Темур.........200

Тема 29. Языковые средства, специальные приёмы и речевые нормы для оформления реферата. Структура реферата. Лексическая тема: Исхокхон Ибрат....................207

Тема 30.Языковые средства, специальные приёмы и речевые нормы для оформления рецензии. Структура рецензии. Лексическая тема: Великий шёлковый путь....................211

РЕКОМЕНДУЕМАЯ ЛИТЕРАТУРА....................221

Тема 1. Введение. Разделы языкознания: фонетика, лексика, морфология, синтаксис, стилистика. Лексическая тема: Ўзбекистан-государство с великим будущим.

Роль языка в жизни человека огромна. Язык является для людей важнейшим средством общения. Наш предмет называется «лингвистика». Это слово произошло от латинского lingua – язык, значит лингвистика – это наука о языке. По-другому эта наука называется языкознание, что говорит само за себя. Язык является основным материалом для изложения фактов в любых науках.[1]

С большим интересом изучают русский язык во многих странах. Он необходим для того, чтобы вести политические дела, экономический, культурный обмен с другими странами, чтобы быть в курсе новейших научно-технических открытий. В составе лингвистики русского языка выделяют разделы в соответствии с разными сторонами её предмета.

Грамматика – это отрасль языкознания, которая изучает строение русского языка. Грамматика состоит из двух разделов: морфологии и синтаксиса. **Фонетика** – раздел науки о языке, в котором изучаются звуки языка, ударение, слог.

Графика – это совокупность особых знаков, с помощью которых устная речь передаётся на письме.

---

[1]Болотнова, Н. С. Современный русский язык: Лексикология. Фразеология. Лексикография : контрольно-тренировочные задания: учеб. пособие / А. В. Болотнов; Н. С. Болотнова . – М. : ФЛИНТА, 2019. – 224 с.

Орфоэпия – это правила литературного произношения звуков и звукосочетаний и правила постановки ударения.

Лексика - раздел науки о языке, изучающий словарный состав языка. **Фразеология** – раздел науки о языке, изучающий устойчивые сочетания слов.

Словообразование(морфемика) – раздел науки о языке, который изучает состав слов и способы их образования.

Морфология – раздел науки о языке, который изучает части речи.

Синтаксис – раздел науки о языке, изучающий словосочетание и предложение.

Орфография – это раздел языкознания, который изучает правила правописания слов.

Пунктуация – это раздел науки о языке, изучающий знаки препинания и правила их употребления на письме.

Стилистика – раздел науки о языке, изучающий стили литературного языка.

Каждый период в истории ознаменован определенными факторами развития, потребностями и жизненными принципами. У общества, живущего в свое время, соответствующие образ жизни, взгляды, взаимоотношения, мышление. С этой точки зрения 2017 год - начало принципиально нового этапа в истории Узбекистана, ознаменующегося прогрессивным развитием государства. Это непосредственно связано с ролью сильной личности, обладающей уникальным аналитическим мышлением, политической волей, идущей в ногу со временем и учитывающей наряду с национальными особенностями передовой опыт мировой государственности.Текущий процесс стремительного развития опирается на прочный фундамент и многолетний опыт. Исторические достижения в период независимости, масштабные реформы, долгосрочное программное видение - результат последовательного поиска решения накопившихся проблем. День независимости - это возможность подвести итоги пройденного пути, определить задачи по построе-нию будущего. В процессе масштабных реформ особое значение приобретает роль главы государства, деятельность политического лидера.

Практические упражнения для закрепления предмета

1.Упражнение. *Проанализируйте данный текст фонетически и лексически*

Ўзбекистан – государство с великим будущим.

Ўзбекистан - страна больших возможностей. Здесь есть всё : природные богатства,плодородная земля,трудовые ресурсы,мощный экономический и духовный потенциал. Трудолюбивый,талантливый, гостеприимный народ Ўзбекистана - это подлинное его богатство. Ўзбекистан имеет развитое многоотраслевое сельское хозяйство. Ўзбекистан - один из крупнейших в мире производителей хлопка, который народ по праву называет « белым золотом». Производимые в Ўзбекистане шёлк,шерсть,каракулевые шкурки, а также готовые изделия из них пользуются спросом далеко за пределами Республики.Республика занимает одно из ведущих мест по залежам драгоценных и редких металлов, таких как золото ,серебро, уран, медь, свинец, цинк, вольфрам. Ўзбекистан располагает прекрасными потенциальными возможностями для развития индустрии и туризма. Всему миру известны такие узбекские города,как Самарканд, Бухара, Хива, Шахрисабз, Коканд.

2.Упражнение. *Подготовьте слова, относящиеся к морфологическим группам слов, представленным в тексте первого упражнения, в виде таблицы в MS Word.*

№	Морфология			
1.	существительное	прилагательное	число	глагол
2.				
3.				

3.Упражнение. *Найдите из списка слов, приведенного ниже, только слова, относящиеся к науке об информационных технологиях, и подготовьте их в виде таблицы в программе MS Word.*

Аккаунт, баннер, блог,закладки, IP-адрес, Internet & New media, Казуальные игры, контент, разработка схемы данных, меню действий, схемы ресурсов системы, работы системы, взаимодействия программ, схемы программ, меню действий,схема взаимодействия программ, операция, подкасты, подкастинг, поисковое продвижение, постовой.

4.Упражнение. *Напишите биографию о себе. Синтаксически проанализируйте слова, которые вы используете в письменном тексте.*

Я, Образцова Мария Сергеевна, родилась 17 июня 1993 г. В поселке Аграрное, Киевский район города Симферополя.

В 2000 году поступила в первый класс Молодежненской ОШ №1 I-III ступеней, где обучаюсь по данное время в 9-А классе. С сентября 2005 года занимаюсь в секции «Биология» Школьного отделения МАН Молодежненской ОШ №1 Симферопольского района. На протяжении 4-х лет принимаю участие в республиканских конкурсах, сессиях МАН Крыма «Искатель». В 2005 году защитила первую работу «Амброзия полыннолистная – карантинный сорняк», получила звание кандидата в ДЧ МАН. В 2006 году защитила вторую работу «Разведение в домашних условиях фазанов, цесарок, перепелов», заняла первое место на районной сессии МАН. На республиканской сессии МАН защитила эту работу и заняла второе место.

В 2007 году защитила третью работу «Агрессивное поведение собак и его причины», заняла третье место и получила диплом. На республиканской сессии МАН заняла второе место. Получила звание ДЧ МАН. Также в 2007 году участвовала в конкурсе «Гармонизация растительного мира Крыма», где защитила групповой проект «Описание псаммофитных участков степной растительности».

В 2007 году заняла первое место в Республиканском этапе Всеукраинского конкурса защиты проектов «Intel-tich» в АР Крым. В 2008 году приняла участие в национальном этапе Всеукраинского конкурса защиты проектов «Intel-tich», где защитила групповой проект и была награждена дипломом за активное участие.

5.Упражнение. *Задание на формирование запроса и отчета в БД.*

Создать базу данных "Кадры" (Фамилия, имя, отчество, возраст, пол (мужской/женский), должность, стаж, адрес). Заполнить 10 записями.

1.	Отобрать людей, чей стаж работы не мнее 24 лет.
2.	Отобрать всех мущчин младже 30 лет.
3.	Сформировать отчет о женщинах со стажем работы менее 10 лет.

Тема 2. Фонетика. Буквы и звуки. Гласные и согласные звуки. Твёрдые и мягкие, звонкие и глухие согласные звуки. Лексическая тема: Традиции и обычаи Узбекистана.

Какое место в ряду лингвистических дисциплин занимает фонетика? Этот вопрос получал в языкознании различное решение. Одни рассматривали фонетику как часть грамматики, другие — как самостоятельную дисциплину. Фонетика — единственная дисциплина, предметом которой является изучение звуковой материи языка. Все остальные дисциплины материальной стороной единиц своего плана не интересуются: они сосредоточивают внимание на специфике структурно-смысловой стороны морфем, слов, словосочетаний, предложений.[2]

Изучение фонетики имеет большое теоретическое и практическое значение. Теоретическое значение состоит в том, что фонетико-фонологический ярус является базовым ярусом языка, своего рода основанием, на котором зиждется всё языковое здание: и морфемы, и слова, и предложения овеществлены в звуках. Следовательно, без изучения фонетики невозможно изучение ни лексического, ни грамматического строя языка. Фонетика учит понимать, что язык — единая, стройная, умная, внутренне согласованная целостность.

Звуки же на письме обозначаются определёнными

---

[2]Кормилицына, М. А. Язык СМИ : учебное пособие / М. А. Кормилицына, О. Б. Сиротина. – М. : ФЛИНТА, 2019. – 92 с.

значками — буквами. Буквы мы пишем и видим написанными. Таким образом, буквы являются знаками, используемыми для отображения на письме звучащей речи. Буквы, их начертания, а также соотношение между звуками и буквами изучает графика. Совокупность букв, расположенных в определённом порядке, называется алфавитом или азбукой.

Звуки речи делятся на гласные и согласные (гласных звуков — 6, а согласных — 37). Гласные звуки состоят только из голоса, т. к. при образовании гласных звуков струя выдыхаемого воздуха проходит через полость рта, не встречая преграды, поэтому не возникает шум. Ударные гласные звуки русского языка — [а], [о], [у], [э], [и], [ы].

Согласные звуки состоят из шума, некоторые — из шума и голоса, т. к. при их образовании струя воздуха обязательно встречает преграду в полости рта, преодолевает её, в результате чего возникает шум. Например: [б], [п], [м], [в], [ф], [н], [к], [г], [д], [з], [т], [с] и др. В зависимости от степени участия голосовых связок при образовании согласных они делятся на звонкие и глухие.

Практические упражнения для закрепления предмета

1.Упражнение. Практическая работа сопоставительного характера

Сопоставьте количество букв и звуков в следующих парах слов. Правильно назовите буквы и звуки. Чем объяснить расхождения в количественном составе букв и звуков в словах?

Мол — моль, угол — уголь, ад — яд, нож — ложь, колос — колосс, сесть —

съезд, шить — сшить, обедать — объедать, Ницца — виться, гнусный — грустный.

2.Упражнение.Разделите следующие слова на группы слов в зависимости от их морфологических признаков?

Счастливый, совестливый, жалостливый, участливый, праздный, звёздный, наездник, участник, частный, добросовестный, чувство, радостный, сердцевина, здравствуй, туристский, расистский.

Слепого, богатого, синего, больного, этого, того, кого, чего, своего, всего, знающего, оставшегося, сегодня, сегодняшний.

3.Упражнение. Переведите текст об обычаях и традициях Узбекистана на узбекский язык и попробуйте его обобщить?

У узбеков существуют некоторые отличные от европейцев правила поведения. Так, за руку при встрече здесь здороваются только мужчины, физический контакт в виде пожатия руки по отношению к женщинам обычно не используется — приветствуя даму, слегка наклоняют голову и прикладывают руку к сердцу.

Узбеки отличаются сдержанностью и умением владеть эмоциями. К соотечественникам обычно относятся более доверчиво и доброжелательно, чем к иностранцам. Тем не менее, гостеприимство в этой стране готовы оказать любому, это одна из незыблемых национальных традиций узбекского народа. От приглашения разделить трапезу в Узбекистане отказываться неприлично, а если такое приглашение поступило заранее, гостю желательно прийти с небольшими гостинцами.

Интересные традиции у узбеков связаны с застольем. Гостю следует занять место, указанное хозяином. Как правило, места, дальние от входа, предназначаются для особо почетных персон. Важным элементом гостеприимства служит чайная церемония. Приготовление чая и подача его гостям — прерогатива хозяина. Чай подают в пиалах, причем, чем большего уважения заслуживает гость, тем меньше напитка ему нальют: тогда он сможет продемонстрировать уважение к хозяевам, несколько раз попросив добавки.

4.Упражнение. Произнести слова и попытаться перевести их на узбекский?

Булавочный, горничная, горчичник, гречневый, двоечник, скучный, Кузьминична, конечно, нарочно, яичница, яблочный, молочный, Фоминична, скворечник, полуночник, язычник; что, ни за что, чтобы, кое-что.

Четверть, твёрдый, ветвь, молитвенный, две, дверь, медведь, людмила, Дмитрий, звезда, зверь, змей, свет, святой, спелый.

5.Упражнение. Найти и написать названия картинок на русском языке?

__________________   __________________

____

__________________   __________________

____

Тема 3. Слог. Ударение. Соотношение звуков и букв. Лексическая тема: Лексическая тема: Общие сведения о России.

В последние годы удалось разработать специальную методику синтеза речи, с помощью которой создаются речеподобные звуки искусственным путем, без участия человека. Таким образом, предметом фонетики следует признать звуковые средства языка во всех их проявлениях и функциях, а также связь между звуковой стороной языка и письмом. [3]

Звуки речи – это минимальные, далее не разложимые фонетические единицы. Фонетика занимается исследованием звуков:

1) с акустической стороны, когда звуки языка рассматриваются с точки зрения восприятия на слух, как физическое явление – колебание звуковых волн с их параметрами;

2) с артикуляционной стороны, где звуки характеризуются по тому, как он образуется с помощью произносительных органов; Фонология занимается изучением звуков речи с функционально – лингвистической стороны, где звук может быть охарактеризован по своему особому назначению в речи – выполнению смыслоразличительной функции. Фонетика и фонология – это два аспекта изучения звуковой, фонетической системы языка, но объект изучения остается один и тот же –наука о звуковой стороне языка.

Фонология изучает общественную, функциональную сторону звуков речи. Звуки рассматриваются не как

---

[3] Бобунова, М. А. Русская лексикография XXI века : учебное пособие / М. А. Бобунова. – М. : Флинта : Наука, 2019.

физическое (акустика), не как биологическое (артикуляция) явление, а как средство общения и как элемент системы языка. Фонология - раздел языкознания, изучающий звуковые единицы языка - фонемы. Фонемы - это неделимые далее звуковые единицы языка, которые служат для построения словоформ и для различения их звуковых видов Значение фонетики как научной дисциплины определяется, прежде всего, тем, какое значение имеет в языке его звуковая сторона. Важнейшая роль обуславливается тем, что общение между людьми, средством которого является язык, осуществляется именно через его звуковую сторону. Звуковая сторона составляет необходимую часть языка; только она и делает возможным его развитие, передачу от поколения к поколению. [4]

Связь фонетики с другими науками. Значение фонетики. Какое место в ряду лингвистических дисциплин занимает фонетика? Этот вопрос получал в языкознании различное решение. Одни рассматривали фонетику как часть грамматики, другие – как самостоятельную дисциплину.Вторая точка зрения имеет больше оснований уже потому, что фонетика оперирует незнаковыми, односторонними единицами, единицами плана выражения: ни фонемы, ни звуки, которые манифестируют эти фонемы (являются их конкретными представителями), сами по себе, как об этом уже говорилось, значениями не обладают, в то время как единицы всех остальных ярусов, начиная с морфем, наделены смыслом и потому являются знаковыми единицами.

---

[4]Будагов, Р. А. Язык и речь в кругозоре человека. М., 2020.– 244 с.

Практические упражнения для закрепления предмета

1.Упражнение. Написать русские слова на следующие буквы?

[ё] [л] [в] [и] [е] [з] [т] [к] [о] [н] [ц] [к]

2.Упражнение. Попробуйте перевести текст на узбекский?

Общие сведения о России.

Россия (Российская Федерация) располагается в двух частях света - в восточной части Европы и в северной части Азии. Её площадь составляет 17 075 400 кв. км. Население России - 145, 3 млн. человек. В стране проживает 160 народов. Русские составляют 83% всего населения страны. Государственный язык на всей территории федерации – русский. Но все многочисленные народы Российской Федерации имеют право на сохранение родного языка. Каждая республика, которая входит в состав Российской Федерации, имеет и свой государственный язык. Большинство верующих – христиане, главным образом православные. Кроме того, есть христиане-католики, мусульмане, буддисты и др. Россия – демократическое федеративное государство, которое является президентской республикой. Глава государства - Президент Российской Федерации. Государственная власть в России подразделяется на три ветви: законодательная, исполнительная и судебная власти. Законодательную власть осуществляет Федеральное Собрание (парламент), которое состоит из двух палат: Совета Федерации и Государственной Думы. Исполнительную власть осуществляет правительство во главе с председателем (премьер-министром). Судебную власть осуществляют суды, главным судом в России является Верховный суд.

3.Упражнение.Обратить внимание на произношение слов и попробовать произнести их самостоятельно?

Буква, считается, факультативной, необязательной, обозначает, ударный звук, после, мягкого, согласного, сестры, вёсла, шёлк , шолк, литературе, официальных, газетах, многих, словах, стали, жёлчный, желчъ, акушер

4.Упражнение. Попробуйте прочитать текст вслух?

С фонетикой тесно связана графика – система буквенных знаков принятая в русском языке для обозначения отдельных звуков на письме. Работа в малых группах (по 2 человека). Объяснить друг другу, в чем отличие звука от буквы. Привести примеры. Выступление одного члена группы перед аудиторией. Звук и буква различаются как по своей сути (звук – единица речи, он воспринимается на слух, а буква – единица письма, воспринимаемая зрительно), так и по выполняемой роли в слове: звук в отличие от буквы, не всегда способствует различению слов.

5.Упражнение. попробуйте составить предложение из приведенных ниже слов?

1. книга, читал, интересно, вчера

2. у них в саду яблоня

3. наш, машина, папа

4. гулять, мой друг, по городу

5. воздух, тепло, вода, природа

Тема 4. Фонетические и орфоэпические нормы произношения Лексическая тема: Образование в Узбекистане.

Фонетика – это наука о звуках. Фонетические нормы – это орфоэпические нормы +акцентологические нормы, то есть правила постановки ударения.

Орфоэпические нормы – это правила произношения звуков и их сочетаний в словах устной речи. Их изучает специальный раздел языкознания - орфоэпия. Соблюдение единообразия в произношении имеет важное значение. Орфоэпические ошибки всегда мешают воспринимать содержание речи: внимание слушающего отвлекается различными неправильностями произношения, и высказывание во всей полноте и с достаточным вниманием не воспринимается. Произношение, соответствующее орфоэпическим нормам, облегчает и ускоряет процесс общения. Поэтому социальная роль правильного произношения очень велика, особенно в настоящее время в нашем обществе, где устная речь стала средством самого широкого общения на различных собраниях, конференциях, семинарах. [5]

Каковы же правила литературного произношения, которых надо придерживаться, чтобы не выйти за рамки общепринятого, а следовательно, и общепонятного русского литературного языка?

____

[5]Лопатин, В. В. Многогранное русское слово. Избранные статьи по русскому языку / В. В. Лопатин. – М. : [Азбуковник], 2017. – 743 с.

Основные законы произношения согласных - оглушение и уподобление. Согласные делятся на звонкие и глухие. Существует 6 пар согласных по звонкости-глухости: б-п, в-ф, г-к, д-т, з-с, ж-ш. Кроме этих пар есть только глухие: ц, ч, щ и только звонкие, так называемые сонорные: й, л, м, н, р. Звонкие согласные всегда в конце слова оглушаются. Например: хле[п] -- хлеб, са[т] -- сад, смо[к] -- смог, любо[ф'] – любовь, и т. д. Нужно учесть, что согласный [г] в конце слова всегда переходит в парный ему глухой звук [К]: лё[к] -- лёг, поро[к] -- порог и т. д. Исключение составляет слово бог -- бо[х]. [6]

Практические упражнения для закрепления предмета

1.Упражнение. Обращать внимание на произношение слов через буквы?

Перед согласными [л], [м], [н], [р], не имеющими парных глухих, и перед [в] уподобления не происходит. Слова произносятся так, как пишутся: дверь –Тверь, зверь – сверь, крот – грот, слой – злой, книга - гнев.

2.Упражнение. Обратите внимание на написание слов и правильно расставьте пропущенные буквы?

З..ук, по..ле, мя..кого, се..тры, вё..ла, шё..к, худо..ественной, лите..атуре, газе..ах, при..ело, мно..их, сло..ах, мес..е, жёл..ный, же..чъ, аку..ёр.

3.Упражнение. Приведите примеры слов, начинающихся со следующих букв?

---

[6]Мокиенко, В. М. Образы русской речи. Историко-этимологические очерки фразеологии / В. М. Мокиенко. – М. : Флинта : Наука, 2019.

Ф	Н	Ш
В	Д	Х
С	Ч	Г
А	К	Ю

4.Упражнение. Перевести текст на узбекский и обратить внимание на произношение слов?

Узбекская модель образования.

Система образования и подготовки кадров, которая сложилась до провозглашения независимости в Узбекистане, абсолютно не отвечала сути демократических преобразований, которые начали осуществляться в республике. Коренные реформы были обусловлены также возникшим еще в 80-е годы прошлого столетия кризисом в мировой системе образования. Демократическое и развивающее государство во главе с президентом отлично осознавало, что надежды на будущее связаны с молодым поколением, поэтому народу и обществу главой государства была предложена программа, кардинально реформирующая всю систему образования.

В полном соответствии с Национальной программой по подго-товке кадров образование в стране реализуется в следующих видах: дошкольное, общее среднее, среднее специальное, профессиональное образование, высшее, послевузовское образование, повышение квалификации и переподготовка кадров, вне-школьное образование.

5.Упражнение. Напишите креативный текст из 4-5 предложений о себе.

1. Ваш день рождения

2. Ваша семья

3. Ваш интерес

4. Ваша профессия

5. Ваше хобби

Тема 5.Заимствованные слова, фразеологизмы, профессиональные слова, новые слова. Лексическая тема: Наш институт.

Фразеология как раздел языкознания. В русском языке существуют понятия свободные и несвободные словосочетания. Свободные словосочетания – это такие сочетания, которые объединяют лексические единицы, свободно вступающие в контекстуальную сочетаемость с другими лексическими единицами в зависимости от целей номинации: интересная книга, древняя книга, познавательная книга, читать книгу, приобрести книгу, увлечься книгой, иллюстрации в книге, обложка от книги и т. д.   В свободном словосочетании слово проявляет своё лексическое значение (прямое или переносное), из этих значений складывается распространённое значение всего словосочетания в целом. Свободные словосочетания не обладают устойчивостью и воспроизводимостью и составляются в зависимости от ситуации или в определённом контексте. Свободным словосочетаниям противопоставляются несвободные словосочетания, значение которых, как правило, не обусловлено лексическим значением слов, входящих в них. Несвободными являются фразеологические сочетания (фразеологизмы). В языкознании существует ещё один термин для определения таких языковых единиц – идиомы, или идиоматические словосочетания. Это сложные языковые единицы, имеющие устойчивый характер, например: сесть в калошу; закусить удила; рубить с плеча; по Сеньке и шапка; за три девять земель; намылить шею и др. Компоненты словосочетания либо вообще не употребляются вне фразеологизма (попасть впросак; сломя голову; как кур в ощип; бить баклуши; точить лясы), либо изменяют в пределах фразеологизма своё лексическое значение (плясать под чужую дудку – «делать что-то в угоду кому-либо»; снимать шляпу – «знак уважения»).[7]

Практические упражнения для закрепления предмета

1.Упражнение. Какие идиомы об информационных технологиях вы знаете, приведите примеры?

2.Упражнение. К каким полям относятся приведенные ниже слова?

1. атом, ядро, молекула, электричество, вода

2. произведение, драма, пьеса, стихотворение, рассказ

3. компьютер, мышь, процессор, моноблок, память

4. число, множественное число, дробные числа, целые числа

---

[7]Русская судьба крылатых слов / Рос. акад. наук, Ин-т рус. лит. (Пушкин. Дом). – Санкт-Петербург : Наука, 2020, – 633 с.

5. животные, природа, солнце, дождь, воздух, вода

3.Упражнение. Что вы знаете об истории и сегодняшнем дне вашего университета? Попробуйте написать короткий текст из 4-5 предложений на эту тему?

4.Упражнение. Выпишите из текста слова, относящиеся к полю, и обратите внимание на их произношение?

Физика — это наука о природе (естествознание) в самом общем смысле (часть природоведения). Предмет её изучения составляет материя (в виде вещества и полей) и наиболее общие формы её движения, а также фундаментальные взаимодействия природы, управляющие движением материи.

Некоторые закономерности являются общими для всех материальных систем (например сохранение энергии), — их называют физическими законами.

Физика тесно связана с математикой: математика предоставляет аппарат, с помощью которого физические законы могут быть точно сформулированы. Физические теории почти всегда формулируются в виде математических уравнений, причём используются более сложные разделы математики, чем обычно в других науках. И наоборот, развитие многих областей математики стимулировалось потребностями физической науки.

5.Упражнение. Найдите и запишите в качестве домашнего задания 10 слов, относящихся к областям медицины, истории, психологии и права?

Тема 6. Лексика. Синонимы, антонимы, омонимы, паронимы. Лексическая тема: Мой первый день в институте.

Лексика (от греч. lexikos – «словесный»), или лексикология (от греч. lexis – «слово» + logos «понятие»), – раздел языкознания, занимающийся изучением совокупности слов, входящих в состав какого-либо языка. Эта совокупность может называться также словарным составом языка, лексическим запасом или лексикой.

Лексика – один из важнейших разделов науки о языке, значимость которого определяется особенностью предмета всестороннего изучения. Предметом лексики является слово – лексическая единица, основная номинативная (то есть способная называть предметы, признаки, действия и т.п.) единица языка, которая представляется символом языка в целом.Лексическая паронимия: причины существования паронимов в языке, типы паронимов.

Паронимы (от греч. para – «возле» и onyma – «имя») – слова, близкие по звучанию, но не совпадающие в значениях: факультет – факультатив; роспись – подпись; парламентёр – парламентарий; болотный – болотистый и др.

В русском языке немало паронимов. Их звуковая близость и сходство в значениях объясняется тем, что у них один и тот же морфологический корень. Паронимы могут различаться приставками: надеть – одеть; опечатки – отпечатки; обежать – отбежать; оговорить –

отговорить; призирать – презирать; придел – предел и т.п.

Большое количество паронимов различаются суффиксами: глиняный – глинистый; игривый – игристый – игровой; факультетский – факультативный; мозольный – мозолистый; крупяной – крупитчатый; серебряный – серебристый и т.п.

Практические упражнения для закрепления предмета

1.Упражнение. Найдите в предложениях разновидности омонимов, объясните их значение.

1)Мы сидели на ели и семечки ели, и тогда только слезли мы с ели, когда семечки съели.

2)Злато! Злато! Сколько через тебя зла-то!

3)Приятно поласкать дитя или собаку, но всего необходимее полоскать рот.

4) Зависело б от мыла, веснушки б я отмыла.

Упражнение 2.Подберите синонимы к словам и составьте с ними словосочетания или предложения.

Говорить, храбрый, враг, бояться, холод, большой, хотеть, блестеть.

Упражнение 3. Расположите синонимы в порядке

усиления действия/признака.

1)Изумительный, хороший, превосходный, прекрасный.

2)Сказать, кричать, воскликнуть.

3)Бояться, опасаться, трусить, робеть, трепетать.

Упражнение 4. Используя синонимы, устраните повторение однокоренных слов, исправленные предложения запишите.

1) Одинокий дом одиноко стоял на краю села.

2) Огонь перекинулся на соседний дом, который вскоре был весь охвачен огнем.

3) Все учащиеся своевременно выполнили заданное задание.

Упражнение 5.Составьте сложное предложение, в котором два простых предложения сцеплены между собой синонимами.

Богатырь (исполин), волшебник (колдун), наряд (убранство).

Упражнение 6. К каждому слову подберите сначала синоним, а затем антоним.

Мощный, жара, счастье, правда, богатый, воля, друг.

Упражнение 7. Сгруппируйте пары слов-антонимов по частям речи.

Длинный, развязать, друг, ложь, сладкий, короткий, убавить, недруг, прибавить, горький, правда, завязать.

Упражнение 8.Найдите в стихотворении разновидности омонимов, объясните их значение.

Бобёр, в Лисе души не чая,

К ней заглянул на чашку чая

И вежливо спросил: "Не помешал?"

Лиса в ответ: "Ах, что вы, друг, напротив!"

И села в кресло мягкое напротив.

И ложечкою чай он помешал.

Упражнение 9.Как вы думаете, в какие группы мы можем их объединить? Запишите слова в выбранные группы.

Дебаты, отважный, грустить, защищать, горевать, смелый, спор, бесстрашный, оборонять, печалиться, дискуссии, охранять, скорбеть, полемика, храбрый, тосковать оберегать, решительный.

Упражнение 10. Закончите вторую часть пословиц, используя антонимы.

1) Ученье – свет, а неученье - …

Меньше говори, а …

Корень учения горек, а плод …

Мягко стелет, да …

глаза не хвали, а …

Упражнение 11. Спишите предложения. Вместо точек вставьте стоящие в скобках синонимы в нужном падеже.

1) Звание … обязывает ко многому. Для написания учебника был создан коллектив … (автор, писатель). 2) Партизаны отразили все … противника. Вся природа ждала … весны (атака, наступление). 3) Учитель регулярно проводил … с родителями. Он оплатил на почте … по телефону (беседа, разговор). 4) Как пахарь, … отдыхает. Кой-где гарцуют казаки. Равняясь, строятся полки (А.Пушкин). На трубный звук, на голос … дружины конные славян помчались по следам героя (А.Пушкин) (битва, бой). 5) Из окна открывался красивый … на море. … в романах Тургенева играет важную роль (вид, пейзаж).

Упражнение 12. Выпишите синонимы. Какие из них усиливают экспрессивность высказывания? Какие служат для уточнения? Сделайте вывод о стилистической функции синонимов. Укажите, какой частью речи являются синонимы из первого предложения.

1) И оттого музыка так страшно, так ужасно действует (Л.Толстой).

2) Но вместо твердой цели во всем была неясность, путаница (Ф.Достоевский).

3) Хорь был человек положительный, практический.

Толкуя с Хорем, я в первый раз услышал простую, умную речь русского мужика (И.Тургенев).

4) Было трудно понять: почему литераторы изображают интеллигентов бесхарактерными, безвольными. (М.Горький).

5) У парадной двери стоит швейцар Марк, старый и дряхлый, одетый в изъеденную молью ливрею (А.Чехов).

Упражнение 13. Попробовать написать короткое сочинение в первый день в институте? Что именно с тобой случилось?

Тема 7. Морфология. Самостоятельные и служебные части речи. Лексическая тема: Учебный процесс в институте.

Морфология и синтаксис – два раздела грамматики, предметом изучения которых является грамматическое значение и формы выражения этого значения. Если на уровне синтаксиса формами выражения грамматического значения являются словосочетание и предложение, то на уровне морфологии – словоформы, т. е. отдельно взятые формы конкретного слова (стол, стола, столу и т. д.).Морфология изучает слова в их грамматических формах и функциях, правила из- менения слов, определяет круг соотносительных грамматических значений, состав- ляющих ту или иную грамматическую категорию.

В морфологию входит и учение о частях речи – самых крупных грамматических классах слов.[8]

Таким образом, предметом морфологии являются грамматические классы слов (части речи), их грамматические категории, системы форм слов и правила их словоиз- менения.

Под структурой понимается единство однородных элементов в пределах целого. Структуру языка составляют уровни (ярусы), каждый из которых располагает системой собственных минимальных единиц. Так, система звуков (фонем) составляет фонетиче- ский (фонемный) уровень, система морфов (морфем) – морфемный, система слов в от- влечении от их грамматического значения – лексический, система слов в отвлечении от их лексического значения – морфологический, система предложений – синтаксический уровни. Низшие единицы языка реализуют себя в единицах более высокого уровня: звук (фонема) – в морфах (морфемах), морф (морфема) – в словах-лексемах, либо в словах-словоформах, слово- словоформа – в предложениях.

Морфологический уровень языка характеризуется минимальной единицей – сло- воформой, выступающей в качестве носителя грамматического значения. Например, словоформа стена имеет грамматические значения женского рода, единственного чис- ла, именительного падежа. Показателем этих значений выступает морфема-флексия -а, вычленяемая из слова при сопоставлении данной словоформы с другими словоформа- ми в пределах одной словоизменительной парадигмы этого же слова (стен-ы, стен-ой и т. д.). В сочетании с основами

---

[8]Лихачёв, Д. С. Концептосфера русского языка / Д. С. Лихачёв // Русская словесность: Антология. – М. : Academia, 2017.

других слов флексия -а может иметь другие значения (дом-á – значение множественного числа; золот-а – значения родительного падежа, мужского рода).

Практические упражнения для закрепления предмета

Упражнение 1.Устное сообщение: пользуясь словарем «Пословицы и поговорки народов мира» найдите пословицы, аналогичные русским, в которых также встречаются антонимы. Сделайте вывод.

1) Полный – пустой.

2) Посеешь – пожнешь.

3) Горек – сладок.

4) Свет – тьма.

5) Дело – потеха.

Упражнение 2. Найдите антонимы в крылатых словах и выпишите их. Обратите внимание на то, что выразительность высказывания во многом определяется наличием в нем слов-антонимов. Сделайте вывод о стилистической функции антонимов. Какой темой объединены представленные крылатые выражения?

1) Хороша веревка длинная, а речь короткая.

2) Кто вчера солгал, тому и завтра не поверят.

3) Лучше горькая правда, чем сладкая ложь.

4) Недобросовестные ораторы стремятся представить плохое хорошим (Платон).

5) Если не умеешь говорить, научись слушать (Помпоний).

6) Кто привык быть неискренним с другими, тот в конце концов перестает быть искренним с собой (Ф.Ларошфуко).

7) Самая опасная ложь – это слегка извращенная правда (Лихтенберг).

8) Вообще люди, мало знающие, много говорят, а те, которые много знают, говорят мало (Ж.-Ж. Руссо).

Упражнение 3.Выпишите антонимы, определите их стилистическую роль. Выскажите свое согласие или несогласие с мнением одного из авторов. Ответ запишите.

1) Без пользы жизнь – безвременная смерть (И.- В.Гете).

2) Кто не знает чужих языков, не имеет понятия и о своем.

3) Трусливый друг страшнее врага, ибо врага опасаешься, а на друга надеешься (Л.Толстой).

4) Если заводишь новых друзей, не забывай о старых (Эразм Роттердамский).

5) Кто не идет вперед, тот идет назад: стоячего положения нет (В.Белинский).

6) Мир – добродетель цивилизации, война – ее преступление (В.Гюго).

7) Человек богат или беден не своим имуществом, а своим внутренним содержанием (Бичер).

8) У сильного всегда бессильный виноват (И.Крылов).

Упражнение 4.Прочитайте пары слов, подумайте, на какие две группы их можно распределить? Запишите полученные группы.

1) скосил траву – скосил глаза

2) косяк журавлей – дверной косяк

3) легкая задача – трудная задача

4) алфавит – азбука

5) старая квартира – новая квартира

6) старая квартира – новая квартира

7) суп из лука – стрелять из лука

8) метель – пурга

9) глухой голос – звонкий голос

10) свободное место – занятое место

Упражнение 5.В каких рядах не все слова являются синонимами? Синонимы запишите, объясните их значение.

1) нездоровый, больной, хилый

2) умный, сообразительный, головастый

3) трудный, тяжелый, нелегкий

) горевать, печалиться, плакать

Упражнение 6.Определите вид омонимии в приведённых ниже примерах, объясните их значение.

1) компания – кампания

2) расплачусь – расплачусь

3) мой (полы) – мой (портфель)

4) лук (растение) – лук (орудие)

5) ты мне дорога – дорога длинная

Упражнение 7.К словам из группы а) подберите синоним, используя слова из группы б); запишите полученные пары слов, вставьте пропущенные буквы.

а) Артист, безгр…ничный, бесп…койство, вежл…вый, в…ликан, заб…леть, загл…деться, изд…вна, об…зательно, подч…няться, тор…пливо, проказн…чать, Род…на;

б) Актёр, г…гант, бескрайний, любезный, п…спешно, зан…мочь, пов…новаться, Отеч…ство, тр…вога, засм…треться, исст…ри, непр…менно, озорн…чать;

Упражнение 8.К данным словам подберите антонимы.

Большой

длинный

левый

горячий

скупой

сладкий

мир

друг

радоваться

Упражнение 9. Напишите небольшое сочинение из 4-5 предложений об учебном процессе в институте и обратите внимание на синтаксические особенности используемых слов?

Упражнение 10. О чём (о ком) идёт речь? Определите, что это за слова, ответы запишите.

1) Она пуще неволи; если на «неё» ехать, то не надо собак кормить.

2) Его встречаем мы в грамматике; на нём говорят в определённых районах;

3) Он может быть человеческий и грамматический.

4) Они помогают улучшить зрение, служат для определения победителя.

5) Он не без добрых людей; он лучше доброй ссоры, даже если он худой;

6) Его готовят из молока, сахара и патоки; он имеет крупные цветки; из него можно связать красивые вещи

Тема 8. Имя существительное. Собственные и нарицательные, одушевлённые и неодушевлённые существительные. Род имён существительных. Существительные общего рода. Число существительных. Лексическая тема: Рабочий день студента.

Имя существительное – это самостоятельная часть речи, выражающая общекатегориальное значение предметности в частных грамматических категориях одушевленности/ неодушевленности, рода, числа и падежа. Семантика существительных весьма разнообразна. Существительные могут обозначать конкретные предметы окружающей действительности (дворец, бассейн), их совокупности (листва, студенчество), лица и живых существ (человек, Нурислам, птица), а также действия и состояния в отвлечении от их производителей (бег, орошение, отдых), признаки и количества в отвлечении от их носителей (доброта, храбрость, белизна, половина, сотня) и т. д. Средством выражения грамматической предметности являются морфологические категории существительных.   Для существительных характерны 4 морфологические категории: одушевленность/ неодушевленность,род, число, падеж. Одушевленность/неодушевленность и род – это несловоизменительные категории, то есть постоянные признаки существительных. Число и падеж – это словоизменительные категории, то ест переменные признаки. В предложении имя существительное может выступать в роли любого члена, то есть отличается многоплановостью, но основная синтаксическая функция существительных – подлежащее или дополнение.

В сфере словообразования имен существительных наблюдается и морфемное, и семантическое словообразование, однако наиболее ярко представлены суффиксация и конфиксация как разновидности морфемного словообразования. В русском языке выделяются существительные нарицательные и собственные. Имена нарицательные служат для обобщенного наименования однородных предметов (гора, человек). Имена собственные служат названиями единичных предметов, выделенных из ряда однородных (Казань, Волга, Юпитер, Кавказ, Роза).

Лексико-грамматические разряды существительных. По семантическим признакам нарицательные существительные делятся на 4 лексико-грамматических разряда:

1) конкретные существительные называют конкретные предметы и явления действительности. От других видов нарицательных существительных конкретные существительные отличаются сочетаемостью с количественными числительными (две грозы, три куклы), а также возможностью изменения по числам (гроза – грозы, кукла – куклы). Разновидностями конкретных существительных являются существительные: а) личные (человек, учитель,

девушка); б) предметные (камень, стол); в) единичные (сингулятивы), образованные с помощью суффикса -ин(а), -инк(а) от вещественных существительных (горошина, песчинка); г) событийные (метель, революция);

2) отвлеченные (или абстрактные) существительные обозначают действие или процесс, признак или свойство в отвлечении от производителя действия или носителя признака (бег, ходьба, учеба, вражда, красота, желтизна, мудрость);

3) вещественные существительные обозначают вещества (в широком смысле): химические соединения и элементы, пищевые продукты, стройматериалы и т. п. (водород, вода, железо, пшеница, сливки, овес, тес, солома, нефть, ситец);

4) собирательные существительные обозначают совокупность однородных предметов или лиц как одно неделимое целое. Для собирательных существительных характерны словообразовательные суффиксы -ство(о), -в(а), -j(о), -ур(а) и др. (казачество, крестьянство, листва, белье, профессура).

Практические упражнения для закрепления предмета

Упражнение 1. Прочитайте текст и выполните задания:

С давних времен людям, говорящим на разных языках, приходилось общаться друг с другом.Собеседники могут говорить каждый на своем родном языке и частично понимать друг друга, если языки похожи. В славянских странах русского скорее всего как-то поймут, но в соседней Венгрии — уже нет: венгерский язык совершенно не похож на русский.

Часто бывает так, что двум собеседникам помогает понять друг друга третий — переводчик. Но, во-первых, на перевод уходит лишнее время, во-вторых, он не всегда возможен.

Нередко собеседники переходят на третий язык, не родной для них обоих. В современном мире это может быть абсолютно «ничей» язык эсперанто или латынь, но чаще говорят на языке, который для кого-то в мире родной. Обычно этот язык обладает б.?.льшим авторитетом, чем родные языки собеседников. Им может быть просто какой-нибудь распространенный язык. В современном мире языком международного общения нередко выступает английский язык.

Упражнение 2. Выпишите из текста имена собственные.

Упражнение 3. Приведите примеры одушевленных и неодушевленных существительных.

Упражнение 4. Выпишите по 2-3 примера существительных 1, 2 и 3-го склонения. Определите их род.

Упражнение 5. Есть ли в тексте разносклоняемые существительные? Выпишите их.

Упражнение 6. Найдите в тексте несклоняемые существительные. Определите их род.

Упражнение 7. Докажите, что слово русский в данном тексте используется в значении прилагательного и существительного. Приведите примеры.

Упражнение 8. Найдите в тексте существительные, которые не изменяются по числам. Определите их род.

Упражнение 9. Написать текст из 4-5 предложений на тему рабочего дня школьника?

Попробуйте использовать слова, данные ниже.

работа, сад, машина, устал, вода, отдых, обед, часто, не спеша, хорошо, финиш

Тема 9. Склонение имён существительных. Падежи русского языка.

Лексическая тема: Институтская библиотека.

В современных исследованиях чтения важное место занимает изучение орфографической обработки изменяемых словоформ. Эта проблема связана с более общим вопросом о том, как в ментальном лексиконе осуществляется доступ к лексическому и грамматическому значению слов. Словоформы одной лексемы, в частности падежные формы, близки по написанию (и произношению) и противопоставлены друг другу по грамматическим значениям. Таким образом, вопрос о том, как происходит их обработка, связан с изучением как низкоуровневых процессов чтения (например, механизмов распознавания букв в слове), так и высокоуровневых морфосинтаксических процессов - механизмов доступа к лексическому и грамматическому значению слова и его интеграции в контекст. Интерес представляет обработка как отдельных (изолированных) словоформ, так и словоформ, встроенных в контекст предложения. Исследования проводятся на материале языков с развитым словоизменением, таких как немецкий финский, сербский, русский и др.

Существует несколько основных моделей доступа к изменяемым словам в ментальном лексиконе. Ключевое различие между этими моделями заключается в том, какую роль они отводят процессу декомпозиции, т.е. раскладыванию словоформы на морфемы. Так называемая модель цельнословного хранения предполагает, что каждая словоформа хранится и распознается как отдельная запись в ментальном лексиконе. Модель автоматической декомпозиции постулирует раздельное хранение основ и окончаний и, соответственно, автоматическую декомпозицию любой словоизменительной формы на основу и окончание, независимый доступ к значению того и другого и последующую комбинацию значений в единое целое. Наконец, гибридные модели признают сосуществование обоих способов хранения языковых единиц (как в виде цельной формы, так и в виде основ и окончаний), предполагая, что лексический доступ может идти либо по первому, либо по второму пути в зависимости от частотности или регулярности конкретной языковой единицы.

Отдельный вопрос касается того, как взаимосвязаны между собой словоформы одной лексемы в структуре ментального лексикона. Есть надежные свидетельства того, что начальная форма слова обрабатывается быстрее любых других. В случае падежной парадигмы номинативно-аккузативных языков это форма именительного падежа по сравнению со всеми косвенными падежами. Данное явление может объясняться и большей частотностью форм именительного падежа в целом относительно других падежей, и, как правило, большей частотностью формы именительного падежа конкретной лексемы по сравнению с ее косвенными формами, и большей «когнитивной выделенностью» именительного падежа, связанной со спецификой его грамматического значения (ядро падежной парадигмы, назывная форма). Однако вопрос об иерархии косвенных форм в ментальном лексиконе остается открытым.

Практические упражнения для закрепления предмета

Упражнение 1. Запиши словосочетания с данными существительными. Обозначь падеж существительных.

Привет (кому?) (брат, сестра)____

Радовался (чему?) (весна, праздник)_______________________________________

Писать (чем?) (перо, мел)____

Рассказывать (о ком?) (лиса, сова, ёж)_______________________________________

Урожай (чего?) (овёс, пшеница)_____________________________________

Рассказ (кого?) (ветеран, гость)____

Упражнение 2. Спиши текст. В каждом предложении подчеркни основу. Над существительным укажи, в каком падеже оно употреблено.

Стоят суровые морозы. Реки и озера одеты плотным ледяным ковром. Январский лес спит под теплой шубой. В глубокий снег спрятались маленькие елочки.

Но и в суровое время года кипит в лесу жизнь. Следы рассказывают о ней. Под широким кустом ночевал заяц. На полянке ныряли в пушистый снег тетерева. Здесь прошел величавый лось.

Упражнение 3. Впиши подходящие по смыслу предлоги, укажи все падежи существительных.

Добежать ….. реки, подъехал …. заводу, летел …. полем, читал …. животных, смотрел …. картину, нашёл … портфеле, поставил … полку, ушёл … другом, увидел … кроватью, поздравление … мамы, поскакал … дороге.

Упражнение 4. Определи падеж имён существительных, вставь нужную букву в окончании.

Работает в бригад…, заподозрил в измен…, сшила для куколк…, подготовился к работ…, сделал для букашк…, остался без клюшк…, стоял около аптек…, сделал из щепк…, лежат в книг…, направился к остановк…, ел без вилк…, пробежал по травинк…, отказался от повязк…, застряла в бочк….

Упражнение 5. Определи у существительных род, число,

падеж.

Образец: По степи – по чему? (степь), ж.р., ед.ч., Д.п.

по болоту_____________________

на ветках_____________________

из гнезда_____________________

перед учителем_____________________

над облаками_____________________

в ненастье_____________________

для скворцов_____________________

к солнцу_____________________

об улыбке_____________________

про сказки_____________________

около метро_____________________

Упражнение 6. Спиши текст. Подчеркни основу предложений, кроме первого предложения. Определи падеж имён существительных.

Вот еловый лес. На земле лежит мягкий ковёр из хвои. Изредка прозвенит синица. Вот постучал по стволу пёстрый дятел. Быстрой тенью перемахнула с ёлки на ёлку белка.

Упражнение 7. Прочитай текст. На месте пропусков вставь слово река в нужной форме (используя слова для справок).

Почти каждая …… начинается с родника. Маленькие ручейки сливаются в …….. Начало …….. называется истоком. То место, где ……… впадает в море, озеро или другую ……., называется устьем.

Слова для справок: река, реки, реку, реке, рекой.

Упражнение 8. Спиши словосочетания, в скобках укажи падеж.

появился (на чём?) на ветках ( )

на ветках (чего?) березы ( )

покрывают (что?) землю ( )

украсились (чем?) инеем ( )

летит (на что?) на землю ( )

летит (с чего?) с ветки ( )

бежал (по чему?) по снегу ( )

Упражнение 9. Прочитай текст. Форма какого существительного часто употребляется в нём? (мост) Определите падеж и выделите окончания существительного мост.

Санкт-Петербург – город мостов. В самом красивом месте города расположен Дворцовый мост. Разведённые крылья этого моста в белые ночи – символ Петербурга. Туристы смотрят и на Литейный мост. Его разводной пролёт один из самых больших в мире: имеет ширину пятьдесят метров. Петербуржцы гордятся Благовещенским мостом, главное украшение которого – чугунные перила с изображением морских коньков. На Троицком мосту установлены фигурные фонари, ещё один символ Петербурга.

Упражнение 10. Составьте и запишите верно 2 предложения. У имён существительных определи падеж.

Наш, стоит, на, город, реке, Неве.

Горожане, рекой, гордятся, Невой.

Упражнение 11. Поставьте и напишите в скобках вопрос и определите падеж существительного.

Катались (на …..) на машине. (… падеж).

Шли (по …) по площади . (… падеж).

Отплыл (от …) от причала. (….. падеж).

Подбежал (к ….) к кровати. (… падеж).

Прыгает (….) белка. (… падеж).

Достали (…) мяч. (… падеж)

Гуляли (за …) за школой. (… падеж).

Упражнение 12. Восстанови правило.

Изменение окончаний существительных по вопросам называется изменением существительных по _____________________или _________________________.

Упражнение 13. Выдели окончания и определи падеж существительных.

Река (__п.) Калиновка протекает через деревню Калиново. Около реки (__п.) пасутся гуси. В реке (__п.) водятся караси и щуки.

Упражнение 14. Просклоняй имена существительные.

И. п. кто? Белка

Р.п. кого? _____________

Д.п. кому? _____________

В.п. кого? _____________

Т.п. кем? _____________

П.п. о ком? _____________

Упражнение 15. Составь из слов каждой строчки предложение. Слово река поставь в нужной форме, определи падеж этого слова.

Зимой на ___________________ ( ) появился лёд.

Замело берега ___________________ ( ) снегом.

Гордятся жители города своей ___________________ ( )

.

Упражнение 16. Написать текст из 4-5 предложений о библиотеке института?

Упражнение 17. Поставь данные слова в указанном падеже с предлогом.

птица
(р.п.)___________________

море
(т.п.)___________________

–

зима   (д.п.)

____

Упражнение 18. Вставь буквы. Найди основу предложения. Определить падеж выделенных имен существительных

Посыпался с д….ревьев серебристый сне… .

Белый к….вер покрыл х…лодную землю.

Упражнение 19. Поставь данные слова в указанном падеже с предлогом.

Зима   (в.п.)
____

лед   (р.
п.)____

роща
(т.п.)____

Тема 10.Склонение одушевлённых и неодушевлённых существительных. Лексическая тема: Студенческое общежитие.

В русском и чешском языках, подобно как и в остальных славянских языках, грамматически значимым является подразделение существительных на одушевленные и неодушевленные. В основе такого разделения лежит бытовое представление о живом и неживом, не совпадающее, однако, с биологическими представлениями: существительные, обозначающие растения, считаются неодушевленными, а существительные, обозначающие животных и человека – одушевленными. Поскольку данное деление проведено по принципу „наличие признака (одушевленность) – отсутствие признака (неодушевленность)“, этот признак является обязательным (ср. Милославский, 1981, 53–55). Грамматическое номинативное значение одушевленности и неодушевленности тесно связано с грамматическим значением рода и имеет последовательное морфологическое и синтаксическое выражение.

Средства, при помощи которых

осуществляется распределение существительных на одушевленные и неодушевленные, не являются в обоих языках одинаковыми. В русском языке, в отличие от чешского, нет особых типов склонения для существительных одушевленных и. Грамматическое выражение противопоставленности категории одушевленности-неодушевленности четко прослеживается у существительных мужского рода в единственном числе (кроме имен на -а, -я) и у существительных всех родов во множественном числе. В русских грамматиках средства выражения категории одушевленности-неодушевленности рассматривают, сопоставляя формы винительного с именительным и родительным падежами (ср. Рожкова, 1987, 41). Разница в системе склонения между существительными одушевленными и неодушевленными заключается в русском языке только в том, что у неодушевленных форма винительного падежа совпадает с именительным (ср.: Я вижу завод, окно // заводы, школы, окна), у одушевленных – с родительным: в единственном числе мужского рода (ср.: Я вижу ученика), как в чешском языке, во множественном числе – в отличие от чешского – у всех родов, ср.: Я вижу чеников, учениц, животных.

Практические упражнения для закрепления предмета

Упражнение 1. Выберете одушевлённые существительные:

Человечество

Мертвец

Солнце

Повар

Упражнение 2. Распределите существительные на две группы:

заяц, стакан, компьютер, робот, тюльпан, молодёжь, девочка

Одушевлённые

Неодушевлённые

Упражнение 3. Зачеркните лишнее слово в каждом ряду, объясните свой выбор:

Коньки, конькобежец, спорт, каток

Медведь, кедр, заяц, муравей.

Упражнение 4. Поменяйте в словах одну букву так, чтобы получилось одушевлённое существительное:

Лира, полк, кол, слот

Упражнение 5. Выделите в тексте одушевлённые существительные зелёным цветом, а неодушевлённые синим

Пришло теплое лето. На лесной опушке распускаются колокольчики, незабудки, шиповник. Белые ромашки протягивают к солнцу свои нежные лепестки.

Вылетают из уютных гнёзд птенцы. У зверей взрослеет смена. Медвежата старше всех. Они родились еще холодной зимой в берлоге. Теперь они послушно следуют за строгой матерью. Рыжие лисята весело играют у норы. В сумерках выходят на охоту колючие ежата.

Не обижайте лесных малышей. Приходите в лес верными друзьями.

Упражнение 6. Найдите правильную характеристику к именам существительным

Толпа

Птица

Насекомые

Енисей

Нарицательное, одушевлённое, мн.ч., ср.р.

Нарицательное, одушевлённое, ед.ч., ж.р.

Собственное, неодушевлённое, ед.ч., м.р.

Нарицательное, неодушевлённое, ед.ч., ж.р.

Упражнениу 7. Соотнесите форму единственного и множественного числа одного и того же имени существительного:

Берёза, ребёнок, футбол, березняк, ребята, дети, футболист, деревья, футболисты, команда, дерево, берёзы.

Упражнение 8. Спишите предложение в тетрадь.

Приходите в лес верными друзьями.

Упражнение 9. Вставьте имена существительные в таблицу в соответствии с характеристикой:

м.р.

ж.р.

ср.р.

Одушевл.

Неодушевл.

Слова: чашка, море, дуб, молодец, красавица, животное

Упражнение 10.Соедините собственные имена существительные с нарицательными по смыслу:

Река, город, праздник, страна

Россия, Екатеринбург, Лена, Новый год.

Упражнение 11.Образуйте форму множественного числа Винительного падежа имён существительных:

Чудище, умница, армия, бактерия, русалка

Определите, какие существительные одушевлённые, а какие неодушевлённые. С каким существительным возникли трудности?

Упражнение 12. Обсудить и создать общий текст на тему студенческих общежитий?

Тема 11.Несклоняемые имена существительные. Род несклоняемых существительных. Лексическая тема: Наша дружная семья.

1. Слова, обозначающие неодушевленные предметы. Несклоняемые имена существительные иноязычного

происхождения, обозначающие неодушевленные предметы, в своем большинстве относятся к среднему роду, например: железнодорожное депо, интересное интервью, маршрутное такси, политическое статус-кво, целебное алоэ, шерстяное кашне.

Правило имеет ряд исключений, связанных с влиянием различных аналогий (русский синоним, грамматический род слова, обозначающего родовое понятие, и др.).

Так, к мужскому роду относятся слова: га (ср.: один га, влияние слова гектар), кофе (влияние мужского рода у этого слова во французском языке, из которого оно было заимствовано, а также в связи с этим существование прежних форм кофей, кофий), маки́ (заросль), пенальти (влияние русского синонимического сочетания «одиннадцатиметровый штрафной удар»), сирокко, торнадо (родовое понятие «ветер»), сулугуни (родовое понятие «сыр»), шимми (родовое понятие «танец»), экю (старинная французская монета; влияние языка-источника) и некоторые др. Под влиянием слова-понятия «язык» к мужскому роду относятся слова бенгали, пушту, суоми, урду, хинди и т. д.

К женскому роду относятся слова: авеню (русский синоним улица), бе́ре (родовое понятие «груша»), бери-бе́ри (родовое понятие «болезнь»), кольраби («капуста»), салями («колбаса») и некоторые др.

Наконец, некоторые слова употребляются в форме двух родов, например: авто (средн. и муж., под влиянием слова автомобиль), афгани́ (средн. и жен.), бибабо́(средн. и муж., ср.: маленький бибабо́), бренди (средн. и муж., ср.: крепкий бренди), мокко (средн. и муж., аналогия с употреблением слова кофе), наргиле́ (средн. и муж., близкое понятие «кальян»), па-де-де и па-де-труа (средн.

и муж., родовое понятие «танец»), цице́ро (средн. и муж., родовое понятие «шрифт»), эсперанто (средн. и муж., влияние слова язык, см. выше); встречаются слова, которые одновременно употребляются в каком-либо из родов и множественном числе, например, жалюзи́ (средн. и мн.; ср.: красивые жалюзи́).

2. Субстантивированные слова. Субстантивированные несклоняемые слова относятся к среднему роду, например: вежливое «здравствуйте», всегдашнее «да», громкое «ура», наше завтра, резкое «не хочу».

3. Слова, обозначающие лиц. Несклоняемые существительные, обозначающие лиц, относятся к мужскому или женскому роду в зависимости от своего значения, т. е. соотнесенности с реальным полом обозначаемого лица, например:

1) мужского рода: рантье, военный атташе, кули, дуче, кюре, рефери, маэстро, наци, квазимодо, янки, шевалье, тореро, импресарио, кабальеро, пьеро;

2) женского рода: фрейлейн, инженю, травести, мисс, леди, ню, пани, мадам, миледи;

3) двуродовые: визави (ср.: мой визави оказался интересным собеседником — моя визави оказалась интересной собеседницей), протеже (ср.: наш протеже оправдал все надежды — наша протеже оправдала все надежды); инкогнито (ср.: таинственный инкогнито внезапно исчез — таинственная инкогнито внезапно исчезла); хиппи (ср.: юный хиппи пел — юная хиппи пела);

4) среднего рода: жюри (в собирательном значении; ср.: жюри постановило).

4. Слова, обозначающие животных, птиц и т. д., несклоняемые существительные, обозначающие одушевленные предметы (кроме лиц, см. выше), относятся к мужскому роду, например: зебу, пони, шимпанзе, какаду, кенгуру, фламинго, макао, нанду, коала, жако. При этом мужской род употребляется безотносительно к полу животного. Однако если контекст указывает на самку, то соответствующие слова употребляются в форме женского рода, например: кенгуру несла в сумке кенгуренка, шимпанзе кормила детеныша.

Двуродовыми являются слова колли, гризли (женск. и муж.).

Практические упражнения для закрепления предмета

Упражнение 1.Определите разряд одушевлённости-неодушевлённости существительных.

Работать гусятницей, эмалированная гусятница, муж-тюфяк, купить тюфяк, пригрозить кулаком, пригрозить кулакам, умыть лицо, умное лицо, официальное лицо, печь-голландка, курица-голландка, подруга голландка, летучий голландец, ворота, ангел, глава в книге, глава правительства, труп, шорты, мертвец, покойник, утопленник, микроб, перила, личинка, косяк журавлей, дверной косяк, армия, друзья, персонаж, сценический характер, характер человека.

Упражнение 2. Начертите таблицу, распределите в неё существительные по следующим четырём категориям:

а) одушевлённые, б) неодушевлённые, в) признаки одушевлённости-неодушевлённости колеблются, г) категория одушевлённости-неодушевлённости грамматически не определяется.

Полк, кикимора, инфузория, матрёшка, эльфы, «Запорожец», народ, зубастик, микроб, запорожец, идол, гном, водяной, юношество, вирус, гоблин, колдун, коллектив, Мега-Злыдень, детвора, стадо, друид, профессура, бактерия, дух, орк, козырь, фея, стая, молодёжь, чёрт, валет, ферзь, хоббит, русалка, лесовичок, Кащей, Сивка-бурка, берегиня, Баба Яга, Змей-Горыныч, Перун-громовержец, красота.

Упражнение 3. Укажите разряд имён существительных, распределив слова по категориям и расположив в 4 колонки.

Пресервы, бедность, будни, генералитет, овёс, листва, ученичество, детвора, выборы, семья, осинник, творог, армия, ансамбль, кровь, беднота, цемент, юность, му́ка, мемуары, обои, мошкара, лук, дружина, ситец, отряд, опилки, детство, гуманизм, молоко, бельё, мука́, родня, изящество, юношество, гвардия, дрожжи, молодёжь, молодость, сахар, аспирин, ртуть, белизна, борьба, начальство, таблетки.

Упражнение 4.Допишите окончания. Определите род несклоняемых существи-тельных.

1 Белорусск_ ноу-хау для гомельских подъездов. 2 Изобретателем эскимо считается 11-летний американский мальчик Фрэнк Эпперсон. 3 Русский натуралист и путешественник Г. С. Карелин, описавший многих животных Средней Азии, так охарактеризовал фламинго: «Чудная сия птица, по наружному своему виду, то же между пернатыми, что верблюд между четвероногими». 4 Шимпанзе могут хрюкать, лаять, пищать, выть, издавать страннейшие вопли и протяжные оглушительные крики. 5 Оперение у какаду яркое, нередко пёстрое, в котором сочетаются красный, жёлтый, зелёный, серый, синий, фиолетовый, белый, голубой и другие цвета и оттенки. 6 Алоэ – прекрасн_ лекарствен_ растени_, применяем_ в нетради-ционной медицине. 7 По содержанию витаминов кольраби не уступает апельсинам и мандаринам, а организмом усваивается лучше, чем яблоко. 8 На каждый ломтик цуккини она положила по одному кусочку рыбн_ филе и свернула рулетиками. (Газ.)

Упражнение 5. Определите род аббревиатур. Допишите окончания.

1 По мнению специалистов МЧС, вероятнее всего кому-то из оставшихся без присмотра детей попали в руки спички. 2 В совхозе не хватало рук, и потому руководство хозяйства через СМИ предложило

желающим работу и жильё. 3 Газотранспортное предприятие выступило заказчиком объекта, а строительные работы были выполнены специалистами ОАО «Белтрубопроводстрой». 4 В течение трёх недель социальные работники Мозыря дежурили на опорных пунктах с участковыми инспекторами ОВД. 5 Доказано, что 30 % ВИЧ-инфицированных больных при встрече с палочкой туберкулёза заболевают. 6 Этот образ не был выдумкой сценариста или режиссёра, прототипом послужила девушка по имени Хелен Демпс из США. 7 ФСК явля_тся первым филиалом объединения «Гомельдрев». 8 Когда новость о коррупции попала в прессу, многие члены Олимпийского комитета США ушли в отставку, и десять членов МОКа были вынуждены уйти или были уволены за то, что приняли дары Уэлча и Джонсона. 9 По его словам, ВОЗ каких-либо официальных заключений не давал_. 10 МЧС принял_ все меры по ликвидации пожара и спасению людей. 11 Сейчас он живет в Москве и учится в студии МХТ. 12 Об успехах и признании белорусск_ ВИА «Сябры» говорят его лауреатские звания – на Всесоюзном конкурсе советской песни и телефестивале «С песней по жизни». 13 ОБСЕ, основан_ на консенсусе, перестал_ быть хоть сколько-нибудь полезн_ в военно-политической сфере и сфере безопасности. 14 Страны, возмущённые гипертрофированной ролью ОБСЕ, готовы преподать (ей, ему, им) урок социальной справедливости. (Газ.)

Упражнение 6. Определите род имён существительных. Составьте словосочетания.

Существо, шампунь, ничтожество, депутат, эмбарго, полслова, перила, простофиля, дружище, тамада, чудовище, куранты, секретарь, дитя, премьер-министр, бигуди, адвокат, жалюзи, окунь, желе, визави, симпатяга, сабо, мозоль, шахматы, рефери, ничья, кабальеро, амплуа, сорока, страшилище, куница, кандалы, треть, галифе, библиотекарь, алоэ, чудила, доцент, юноша, Саша Черных.

Упражнение 7.Определите, к какому роду и каким типам склонения относятся су-ществительные. Объясните лексическое значение подчёркнутых слов.

Авеню, ГАИ, грусть, дрель, желе, прямая, Лилия, окно, метро, пирожное, псалтырь, рядовой, планетарий, племя, табель, вуаль, фальшь, пень, ансамбль, досье, АЭС, медаль, смерч, горечь, плющ, роль, рояль, загс, канифоль, линь, лунь, светотень, латунь, толь, тюль, тополь, дюраль, полночь, подмастерье, шинель, ваниль, сказуемое, вермишель, несессер.

Упражнение 8.Расставьте ударение. Определите род несклоняемых существи-тельных. Объясните лексическое значение подчёркнутых слов.

Авт200ралли, бистро, колье, алоэ, мулине, пенальти, ноу-хау, нэцкэ, ревю, резюме, филе, фру, шапито, альма-матер, вето, драже, индиго, импресарио, колли, масс-медиа, рандеву, колибри, пони, бра, фламинго, цунами, хаки, кепи, шимпанзе, визави.

Упражнение 9. Спишите, вставляя пропущенные буквы. Выпишите несклоняемые и субстантивные существительные, определите их род. Раскройте скобки и допишите окончания.

1 Многие не могут спать в самолётах из-за шума и света, однако эта проблема решается в два счёта – с помощью маски для сна и (беруши) 2 Свет п_гас в (апартаменты) Деда Мороза, в гостин_ице и гостин_ичных домиках, ра_бросан_ых по Бел_ве_ской пущ_. 3 Трен_р женской (з, с)борной Бел_руси по п_рикмахерскому искус_тву. 4 Много лет с той поры прошло, а ничего не изм_нилось, разве что я теперь оладьи пеку, а мои ребята за ними «охотят_ся». 5 Рабочий нах_дился один в метал_ической будке свар_щика, расположен_ой в цехе. 6 115 лет назад (2.06.1891 г.) по предл_жению ирлан_ца Макруми в футболе введен (о, а, ы) пенальти. Штрафные санкции в отн_шении нарушившего правила игрока – свободный удар в сторону ворот с 11-метровой отметки.

Упражнение 10. Определите род существительных. Расставьте ударения в выде-ленных словах.

Астрид Линдгрен, жабо, Жаклин, жалюзи, БГУ, Миссури, Нью-Мексико, СНГ, ФРГ, США, Дейл Карнеги, вуз, МЧС, Петренко, спецкор, шасси, Валуа, Хуанхэ, МТЗ, рукопись, Дюма, МХАТ, Токио, нэп, ЮНЕСКО, ЮКОС.

Упражнение 11. Напишите небольшое сочинение из 4-5 предложений на тему наша дружная семья.

Тема 12. Имя прилагательное. Разряды прилагательных. Полная и краткая форма. Лексическая тема: Природа Узбекистана.

Имя прилагательное — знаменательная часть речи, обозначающая признак предмета и отвечающая на вопросы «какой?», «чей?», «каков?» (загородный коттедж, мамины бусы, реакция молниеносна).

Имена прилагательные изменяются по родам, числам и падежам, но данные категории зависят от имени существительного. Это позволяет прилагательным согласовываться с существительным, например: в маленьком дачном поселке, с большой кухней. Во множественном числе форм рода нет: современные дома, платья, постройки. Начальной формой считается именительный падеж мужского рода единственного числа, именно эта форма даётся в словарях.

Имена прилагательные имеют краткую форму (красота неповторима) и степени сравнения (самый глубокий, веселее всех). Все формы, кроме простой сравнительной и аналитической превосходной степеней сравнения, согласуются с именем существительным. Простая сравнительная и аналитическая превосходная степени примыкают.

Имена прилагательные в предложении могут выполнять функцию определения и именной части сказуемого. Казалось, природа слепила его из цельного куска горной породы, он был красив той редкой и скупой красотой, внешней, но больше внутренней, которая свойственна жителям высокогорья (Н. Абгарян. Манюня). В поэтической речи краткие прилагательные могут употребляться в качестве обособленного определения: Колеблется воздух, прозрачен и чист (Н.

Заболоцкий. Утро).

Есть несклоняемая группа прилагательных иноязычного происхождения (бордо, беж, хаки, мини, макси, реглан, люкс, модерн). Такие слова могут выполнять функцию и определения (язык коми), и именной части сказуемого (час пик). Многие из несклоняемых слов употребляются и как прилагательное (клёш-юбка, интернет-презентация), и как существительное (широкий клёш, мобильный Интернет).

По значению и грамматическим признакам все прилагательные делятся на три разряда: качественные, относительные и притяжательные. Прилагательные могут субстантивироваться, то есть переходить в существительные. Это происходит, когда прилагательное употребляется не в составе словосочетания, где оно зависит от существительного, а самостоятельно (как бы замещая собой такое словосочетание). В этом случае слово перестаёт обозначать признак и начинает называть предмет — носитель этого признака: мороженые фрукты — сливочное мороженое; лучшее — враг хорошего. Слово утрачивает признаки прилагательного и приобретает признаки существительного (род, иногда число). Имена прилагательные играют большую роль в языке. Определяя существительное, они характеризуют предмет: конкретизируют или оценивают его. Например, прохладная роса, высокогорные травы — конкретизация; аскетичное убранство дома, неимоверное счастье — оценочная характеристика.

Практические упражнения для закрепления предмета

Упражнение 1. В каких словосочетаниях относительные прилагательные перешли в качественные?

а) металлический лист, б) металлический голос.

а) золотой характер, б) золотой перстень.

а) стальной стержень, б) стальной взгляд.

а) железная болванка, б) железная воля.

а) ватное одеяло, б) ватные ноги.

а) весенняя погода, б) весеннее настроение.

Упражнение 2. Образуйте притяжательные прилагатель-ные от данных существительных. По-ставьте их в формы ед.ч. м.р. и ж.р.

Баран, белка, бык, Вера, волк, заяц, корова, кошка, лиса, лягушка, мама, мать, Миша, овца, Олег, отец, папа, рыба, сестра, Таня, человек.

• Найдите суффиксы во всех записанных формах.

Упражнение 3. Выполните тест. Укажитете слова, которые пишутся слитно:

красно...синий

вагоно...строительный

ранне...весенний

густо...серый

умильно...слащавый

добро...желательный

машинно...счетная

ильфо...петровский стиль

северо-восточный

горно...климатический

Упражнение 4. Выполните анализ текста.

(1) Детям уделялось всё, что было похуже и не могло ис-пользоваться взрослыми "господами". (2) Даже в богатых помещичьих домах под спальни детей отводились самые темные и невзрачные комнаты. (3) Форточек в комнатах не было. (4) Спертый воздух очищался только топкой печей. (5) Духота в детских стояла ужасная; всех маленьких детей старались поместить в одной-двух комнатках, и тут же, вместе с ними, на лежанках, сундуках или просто на по-лу, подостлав себе что попало из хлама, пристраивались на ночь мамки, няньки и горничные.

Упражнение 5.Определите разряд прилагательных:

деревянная (походка)

классный (пловец)

чужой

рыжий

чуждый

пушкинская (квартира)

ситцевый (платок)

классная (комната)

(город) вязовый

босой

Упражнение 6.Найдите формы степеней сравнения и степеней качества у следующих прилагательных:

превеликий

самый строгий

беловатый

красненький

чудеснее

всего дороже

Упражнение 7.Каким образом образуются степени сравнения у следую-щих прилагательных:

умный

дружеский

выдающийся

босой

выгодный

колкий

Упражнение 8.Найдите качественные прилагательные, которым не прису-щи какие-либо грамматические признаки, характерные для это-го разряда прилагательных. Выберите правильный вариант:

1. зверский 6. мини 11. косой

2. красивый 7. трагический 12. старый

3. товарищеский 8. больной (человек) 13. кровный

4. стройный 9. добрый 14. холодный

5. новый 10. вкусный

Упражнение 9. Попробуйте записать свои мысли о природе Узбекистана и поговорить с друзьями?

Тема 13.Склонение прилагательных. Лексическая тема: Инженер - это изобретатель-энтузиаст.

Склонение прилагательных - это изменение их по падежу, роду и числу. В отношении склонения прилагательные в русском языке можно разделить на два типа: склоняемые и несклоняемые.

1. К склоняемым относится большинство прилагательных, в качестве примера можно привести характеристики: названия большинства цветов (красный, фиолетовый, жёлтый), размер (маленький, большой), качества (весёлый, умный). Их изменение зависит от разряда. Есть качественные, относительные и притяжательные прилагательные, первые две группы склоняются одинаково, по основному склонению имен прилагательных.

У прилагательных различают три типа склонения в зависимости от характера основы:

- твердое (новый, огромный)

- мягкое (внутренний, синий)

- смешанное (легкий, сухой)

Вот примеры склонения на примере прилагательных в мужском и женском роде единственного числа (твердая и мягкая основы, как самые распространенные):

Склонение прилагательного с твердой основой.

ИП Удивительный - Удивительная

РП Удивительного - Удивительной

ДП Удивительному - Удивительной

ВП Удивительный (удивительного) - Удивительная (удивительную)

ТП Удивительным - Удивительной

ПП Удивительном - Удивительной

Склонение прилагательного с мягкой основой.

ИП Завтрашний - Завтрашняя

РП Завтрашнего - Завтрашней

ДП Завтрашнему - Завтрашней

ВП Завтрашний (завтрашнего) - Завтрашняя (завтрашней)

ТП Завтрашним - Завтрашней

ПП Завтрашнем - Завтрашней

2. Несклоняемые - это прилагательные, которые не

изменяются по падежу, роду и числу, а также они отличаются тем, что у них нет кратких форм (в силу собственной краткости) и от них невозможно образовать простую сравнительную степень.

Это, например, цвета: хаки, беж, индиго.

Размеры: миди, макси.

Поскольку такие слова не изменяются, то согласование с существительным они выражают только положением рядом с ним, но не перед существительным, а после него.

Штаны хаки.   Яйцо вкрутую.

Магазин напротив.   Словарь хинди.

Практические упражнения для закрепления предмета

Упражнение 1. «Склоняем ….. лимон»

-Ребята, посмотрите, что у вас находится в чае? (Лимон)

- Подберите прилагательные к слову лимон. (Кислый, вкусный, желтый, сочный и т.д.)

- Давайте, просклоняем словосочетание кислый лимон по падежам и выделим окончания прилагательных.

И.п. лимон (какой?) кислый

Р.п. лимона (какого?) кислого

Д.п. лимону (какому?) кислому

В.п. лимон (какой?) кислый

Т.п. лимоном (каким?) кислым

П.п. о лимоне (каком?) кислом

Упражнение 2. «Работаем быстро!!!»

А теперь внимание.

Новое испытание.

Вставьте окончания

В эти словосочетания.

- В этих прилагательных «потерялось окончание». Вы должны вставить окончание и прочитать словосочетание в быстром темпе.

утренн ___ туман

после грибн ___ дождя

к русск ___ человеку

в космическ ___ корабле

долгожданн ___ телеграмму

красн ___ карандашом

от зимн____ мороза

с лучш…. приятелем

в ночн_______ небе

современн______ кино

новогодн______ песни

богат ______ урожай

модн ______ блузка

в больш______ сугробе

Упражнение 3. «Исправь ошибки»

Мальчик Боря на доске написал такое:

Плывёт лодка по реке серое, большое,

А на лодке плывут весёлая друзья,

И везут они с собой забавная игра.

Что же это за игра?

Вам я не скажу.

Л учше дальше вам слова ещё я напишу.

В небе звёзды яркая светят и горят,

А друзья с вопросами к вам уже спешат.

Мальчик Боря отошёл, ещё раз он всё прочёл,

Но ошибок не нашёл.

Он решил запутать вас.

Кто исправит весь рассказ?

-Чего не знал Боря?

-Как нужно поступить, чтобы правильно написать окончания прилагательных?

Это правило можно сформулировать в шутливой форме: не хочешь оставаться с носом, проверяй окончания вопросом.

Выпишем те словосочетания, в которых Боря допустил ошибки, укажите число, род, падеж.(1 человек у доски).

Упражнение 4. «Образуй прилагательное».

Самостоятельная работа учащихся с последующей проверкой.

аписать названия магазинов по видам товаров, которые в них продаются. Выделить окончания, обозначить род.

(Книги, хлеб, продукты, овощи, мебель, посуда)

Упражнение 5. Напишите небольшое описательное эссе на тему инженер-изобретатель-любитель.

Тема 14. Имя числительное. Количественные и порядковые числительные. Простые и составные числительные. Лексическая тема: Информационные технологии в профессиональной деятельности.

Имя числительное – особая часть речи. Попробуйте представить, что было бы, если все цифры вдруг исчезли. Мы не смогли бы определить время, попасть в собственную квартиру, определить маршрут, по которому следовало добраться до дома, купить что-либо в магазине.

Без числительного люди не смогли бы нормально работать, учиться, планировать свой день.

Чисел множество и все они помогают упорядочить нашу жизнь. Одни из них отвечают на вопрос «какой?», «который?» и обозначают порядок предметов при счёте. Они называются порядковыми. Например: какой? – пятый, девяностый, сто двадцать седьмой.

А другие – на вопрос «сколько?» и обозначают количество. Это количественные числительные.

Например: пять, девяносто, сто двадцать пять.

И количественные, и порядковые числительные могут состоять как из одного слова, так и из двух, и более.

Например: восемь, тысяча двести шестьдесят три.

Именно о таких числительных мы с вами и будем говорить.

Числительные, состоящие из одного слова, – простые, из двух – составные.

По структуре и особенностям словообразования

выделяют также сложные, состоящие из слов с двумя корнями.

Простые: четыре, семнадцать.

Сложные: пятьсот, пятьдесят.

И простые, и составные числительные изменяются по падежам.

Возьмите простое числительное «пять», сложное числительные «пятьдесят» и составное числительное «двадцать пять», поставьте в родительный и творительный падежи.

Именительный падеж – пять, пятьдесят, двадцать пять.

Родительный падеж – пяти, пятидесяти, двадцати пяти.

Творительный падеж – пятью, пятьюдесятью, двадцатью пятью.

Чтобы назвать приблизительное количество предметов, мы употребляем числительное со словом около.

Пять – около пяти.

Двадцать пять – около двадцати пяти.

Составим алгоритм определения простых, сложных и составных числительных.

1. Определяем часть речи. Задаём вопросы.

Сколько? Какой?

Десять. Десятый.

2. Состоит из одного слова – простое.

Двадцать.

3. Состоит из одного слова, в котором два корня – сложное.

Девятьсот.

4. Состоит из двух слов и более – составное.

Две тысячи девятнадцатый.

Числительные от одиннадцати до двадцати в современном русском языке являются простыми: одиннадцать, пятнадцать.

Итак, мы продолжили знакомство с особой частью речи, с числительным. Пример простого – девятнадцать, составного – девятьсот шестьдесят семь. Числительные, состоящие из двух корней, называются сложными (семьсот).

Практические упражнения для закрепления предмета

Упражнение 1

простые числительные, которые имеют один

корень (два, шесть, пятнадцать, сорок, сто);

• сложные числительные, состоящие из двух

корней (пятьдесят — девяносто, двести —

девятьсот);

• составные числительные складываются из

нескольких слов (три тысячи двести сорок

пять

Упражнение 2

Склонение простых

числительных

•Простое числительное «один» изменяется по родам

и имеет форму множественного числа.

•Простые количественные числительные

от «пяти до двадцати» и «тридцать» склоняются,

как существительные третьего склонения.

• Числительные «сорок», «девяносто» и

«сто» имеют только две формы.

• Числительные «тысяча», «миллион», «миллиард» и

пр. имеют категорию рода и изменяются по числам.

Упражнение 3

Склонение сложных числительных

• Числительные «полтора» и «полтораста» имеют две формы:

полутора и полутораста.

• При склонении сложных числительных пятьдесят —

восемьдесят, двести — девятьсот изменяются обе части слов:

60 300 700

И. п.шестьдесят триста семьсот

Р. п.шестидесяти трехсот семисот

Д. п.шестидесяти тремстам семистам

В. п.шестьдесят триста семьсот

Т. п.шестьюдесятью тремястами семьюстами

П. п.о шестидесяти о трёхстах о семистах

Упражнение 4

В составных количественных числительных изменяются

все слова:

• и. п. девятьсот двадцать три

• р. п. девятисот двадцати трех

• д. п. девятистам двадцати трем

• в. п. девятьсот двадцать три

• т. п. девятьюстами двадцатью тремя

• п. п. о девятистах двадцати трёх

Упражнение 5

Собирательные числительные

•Собирательные числительные обозначают

количество предметов как совокупность и

отвечают на вопрос сколько?

•Эти числительные образованы от слов,

обозначающих целые числа:

•два → двое;

•три → трое;

Упражнение 6

Собирательные числительные двое — десятеро не
сочетаются с

существительными женского рода. Их можно употребить
в сочетании:

с существительными, обозначающими лиц мужского пола (двое солдат, двое студентов);

с существительными люди, дети, ребята, лица (трое молодых людей,

четверо детей, двое неизвестных лиц);

с личными местоимениями (их трое, нас шестеро);

с названиями детенышей животных (пятеро котят);

в разговорной речи с названиями парных предметов (трое брюк, шестеро

туфель, но лучше употреблять слово «пара»: шесть пар туфель);

с существительным множественного числа (четверо санок, пятеро ножниц).

• Собирательными являются числительные «оба», «обе».

• Собирательное числительное «оба» согласуется с существительными

мужского и среднего рода:

• оба друга;

• Слово «обе» употребляется с существительными женского рода:

• обе вазы;v

Порядковые числительные

•Порядковые числительные обозначают

порядок предметов при счёте и отвечают на

вопросы какой? какая? какое? какие?

Упражнение 7

Эти числительные оформлены, как прилагательные, и

точно так же изменяются по родам, числам и падежам.

• и. п. третий день, третья неделя, третье число,

третьи двери

• р. п. третьего дня, третьей недели, третьего числа,

третьих дверей

• д. п. третьему дню, третьей неделе, третьему

числу, третьим дверям

• в. п. третий день, третью неделю, третье число,

третьи двери

• т. п. третьим днем, третьей неделей, третьим

числом, третьими дверями

• п. п. о третьем дне, о третьей неделе, о третьем

числе, об третьих дверях

Упражнение 8

В составных порядковых числительных изменяется

только последнее слово:

• и. п. две тысячи сорок второй знак

• р. п. две тысячи сорок второго знака

• д. п. две тысячи сорок второму знаку

• в. п. две тысячи сорок второму знаку

•т. п. две тысячи сорок вторым знаком

• п. п. о две тысячи сорок втором знаке

Упражнение 9. Составьте предложения, состоящие из следующих слов, на тему информационных технологий в профессиональной деятельности?

1. информация, компьютер, флешка, процессор

2. экран, жесткий диск, корзина

3. Файл, папка, том, бит

4. вирус, слово, клавиатура

5. блокнот, мышь, виндовс, программа, программа

Тема 15. Склонение количественных числительных. Лексическая тема: Информация. Свойства информации.

Имя числительное — самостоятельная часть речи. Некоторые части речи совсем как школьники: тоже мечтают поскорее вырасти и стать самостоятельными. В этой статье поговорим про самостоятельные части речи и изучим имя числительное в русском языке.

Числительное как часть речи

Имя числительное — это самостоятельная часть речи, которая обозначает:

отвлеченные числа: один, три, одиннадцать,

количество предметов: один велосипед, три скейт,

порядок предметов при счете: первый велосипед, третий скейт.

Имя числительное отвечает на вопросы:

Сколько?

Какой?

Который по счету?

Числительные представляют ограниченный разряд слов. При счете до миллиона есть тридцать шесть вариантов наименований чисел:

один — девятнадцать;

десятки (двадцать — девяносто);

сотни (сто — девятьсот).

Кроме словесной записи, есть еще цифровая: 8 — цифра; восемь — слово. А как мы уже знаем из математики, цифра — это математический знак, который обозначает число.

Интересный факт!

Не у каждой цифры есть словесное обозначение. Например, ноль при произношении не озвучивается: 101 — сто один.

Ноль есть в составе двух видов числительных:

десятичных дробей: ноль целых одиннадцать сотых,

времени суток: в девятнадцать ноль-ноль.

Есть два варианта написания: ноль и нуль. Как их использовать:

При подсчете, сравнении чаще используется форма ноль: ноль меньше трех, ноль целых и одна десятая.

В терминах чаще встречается форма нуль: сумма равняется нулю, уличная температура держится на нуле.

В устойчивых выражениях встречаются обе формы: ноль внимания, счет ноль-ноль, свести к нулю.

Прилагательное часто образуется от формы нуль: нулевой меридиан, нулевой пробег.

Морфологический разбор имени числительного

Часть речи. Общее значение.

Начальная форма (именительный падеж).

Постоянные признаки: простое или составное; количественное или порядковое; разряд (для количественных).

Непостоянные признаки: число (если есть), род (если есть), падеж.

Практические упражнения для закрепления предмета

Упражнение 1.Просклоняйте.

37 учеников, 954 книги, полтора килограмма, полтораста километров, 3/4 часа, 735-я школа.

 Упражнение 2.Запишите предложения, заменяя цифры словами.

1) Поля, засеянные пшеницей, занимали площадь более 1250 га.

2) Вес третьего искусственного спутника Земли был равен 1326 кг.

3) К 2/5 прибавить 3/5, получится 1.

4) Кедры живут до 800—850 лет.

5) Теплоход с 388 экскурсантами отправился в очередной рейс.

Упражнение 3. Исправьте ошибки, связанные с неправильным использованием сочетаний слов с количественными и порядковыми числительными.

1) К пятнадцатому апрелю двух тысяч девятому году намечено открытие дома-музея известного в нашем городе художника.

2) Самодеятельных школьных оркестров в нашем регионе более полуторасот.

3) Изумительный по красоте собор с три тысячи шестьсот восемьдесят пятью фресками, построенный в XVIв., является одной из самых ярких достопримечательностей Рима.

4) В двухтысячном десятом году потребление энергии предприятиями области возрастет в 1,3 раза.

5) Вгонках собачьих упряжек участвовало двадцать четыре саней.

пражнение 4. Выберите правильную форму числительного и существительного.

Для (пяти— пятерых) женщин; (три— трое) красивых (коня— коней); (шесть— шестеро) работниц завода; (четыре— четверо) (ножницы— ножниц); (два— двое) знакомых (лица— лиц); (четыре— четверо) (студентки— студенток).

Упражнение 5. Найдите, объясните и исправьте ошибки в употреблении собирательных числительных.

1) Трое спортсменок выступили очень удачно.

2) Олимпиада длилась трое дней.

3) Двое дней и ночей мы готовились к экзамену.

4) Из школы вышли семеро девочек и пятеро мальчиков.

5) Четверо учениц получили дополнительное задание.

6) С докладом выступили трое профессоров.

7) На учения прибыло семеро генералов.

Упражнение 6. Информация. Что вы знаете об информационных свойствах? Напишите свои мысли в краткой текстовой форме?

Тема 16. Склонение порядковых числительных. Лексическая тема: Основные тенденции развития информационного общества.

Склонение имён числительных — часто встречающаяся практика, но, в то же время, вызывающая затруднение. Для многих людей является проблемой написание числительного в том или ином падеже без ошибок. Сайт numeralonline.ru служит шпаргалкой в этом вопросе. Вы в любой момент можете подсмотреть правильную форму склонения:

количественного числительного (от 0 до 10 млрд),

порядкового числительного,

собирательного числительного (от 2 до 10),

десятичной дроби (до 5 знаков после запятой),

обыкновенной дроби (до 5 цифр в знаменателе),

смешанного числа: целой части + обыкновенной дроби.

На странице склонения числительного показаны склонения всех возможных видов. Например, для числительного 4 будет показано склонение количественного числительного (четыре), порядкового (четвёртый), собирательного (четверо). Для перехода к такой странице введите число в строку поиска и нажмите кнопку [Склонять].

На нашем сайте целые количественные числительные

склоняются в рублях для демонстрации склонения числительных в связке с существительным. Иногда посетителям требуется указывать ещё и копейки или другую валюту. В этом случае вам поможет сайт наших друзей Числительные.ру.

Чтобы разбираться в склонении числительных, нужно знать правила. Ниже даётся справочная информация и правила склонения с таблицами и примерами. Рассмотрим их для каждого вида числительных.

Содержание статьи по теме склонения числительных:

склонение целых количественных числительных

склонение порядковых

склонение собирательных

склонение дробных

склонение смешанных чисел

Практические упражнения для закрепления предмета

Упражнение 1.Запишите словами.

8, 11, 17, 50, 80, 800, 988, 701, 23, 14, 99. 1256

Упражнение 2.Образуйте от чисел порядковые числительные и запишите их.

11, 23, 378, 500, 1000, 1256, 123, 2654, 56, 902

Упражнение 3. Просклоняйте словосочетание в единственном и множественном числе

Одна ручка, один карандаш, одно мороженое

Упражнение 3 (а)

Просклоняйте числительные

5, 16, 20, 30, 40 90, 100 50, 60, 200, 700, 139

Упражнение 4. Напишите прописью цифровые обозначения.

В 1981 году в Москве проживало 8 302 000 человек, в Новосибирске - около 1 360 000 человек. В Среднем Поволжье днем возможно усиление морозов до 18-22 градусов, ночью -до 25 - 27. Бои продолжались до 12 мая 1945 года. Взято в плен 252 661 солдат противника, захвачено около 650 танков, 3069 орудий, 790 самолетов, 41 131 автомобиль.

Упражнение 5.Замените цифры словами, поставьте сочетания числительных с существительными в соответствующей падежной форме. В случаях невозможности образования некоторых сочетаний подберите варианты, выражающие данное значение.

На высоте 900 000 метр..., до 500 учрежден..., около 44 барж..., располагать 100 рубл..., добираться в течение 23 сут..., работают 34 ясл... и более 52 детсад..., из 301 претендент... на первенство, более 43 кандидат... на призовые места, продолжаться 5,3 сек..., наблюдать 3 и более случ... заболеваний, около 90 километр..., по рубл... за штуку. По (оба, обе) сторонам дороги стояли стройные ели. Склоны (оба, обе) оврагов размыты дождями. (Оба, обе) веселых друга расстались надолго.

Упражнение 6. Образуйте сложные прилагательные от следующих сочетаний.

5 лет, 40 минут, 21 час, 8 метров, 500 литров, 1000 лет, 555 дней, 29 километров, миллион голосов, 61 миллиард.

Упражнение 7. Перепишите текст, заменив цифровые обозначения словами. Определите падеж числительных.

Карат

Карат - единица веса драгоценных камней.

Когда-то при взвешивании драгоценностей употреблялись зерна, почки или бобы. Карат- это вес боба. Он равен 0,2 грамма.

Большинство алмазов имеют небольшой вес. Камни в 1-2 карата считаются уже большими. Алмазу больше 20 каратов присваивают имя, как человеку. Такие камни известны во всем мире.

Самый большой алмаз - «Куллинан», найденный в начале XX века в Южной Африке. Весил он 3106 каратов. Никто в мире его не мог купить. Его пришлось расколоть на части. Получилось 105 разных по весу бриллиантов. Самые крупные из них: «Звезда Африки» - весит 530,2 карата, «Куллинан II» - 317,4 карата. Они украшают теперь корону и скипетр королей Англии.

Упражнение 8. Перепишите текст, заменив цифровые обозначения словами. Определите падежную форму числительных.

Все знают Останкинскую телебашню - самое высокое сооружение в Европе. Ее высота вместе с антенной около 539 метров. Она построена в 1967 году.

Но первая телебашня в Москве построена в 1922 году знаменитым русским инженером Владимиром Григорьевичем Шуховым, поэтому ее называют Шуховской. Эта ажурная стальная конструкция высотой в 160 метров предназначалась для антенны радиостанции. Именно отсюда в 1937 году начались первые регулярные опытные телепередачи в нашей стране.

Упражнение 9. Перепишите текст, заменив цифровые обозначения словами. Определите падежную форму числительных.

Московские высотки

Высотками в Москве называют 7 зданий, которые построили в конце 40 - начале 50 годов по единому градостроительному плану. В них от 26 до 36 этажей. Это разные дома: министерства, гостиницы, жилые здания и университет.

Например, главный корпус МГУ на Воробьевых горах - 36-этажное здание, высота которого 235,7 метра, высота шпиля 60 метров, а вес звезды на шпиле 12 тонн.

У высоток были поклонники и противники, но сейчас эти полунебоскребы советского времени - часть силуэта Москвы.

Упражнение 10. Подготовьте краткий текст на тему основных тенденций развития информационного общества.

Тема 17. Местоимение. Разряды местоимений. Лексическая тема: Принцип построения компьютера.

Местоимение — это самостоятельная часть речи, которая включает в себя слова, которые указывают на предметы, их признаки и количество, при этом не называют их конкретно.

Примеры местоимений:

(кто?) я, он, ты, кто-то;

(что?) что-то, что-либо, кое-что;

(какой?) любой, иной, какой-то;

(сколько?) столько.

Постоянные грамматические признаки местоимений:

разряд по значению;

лицо (только у личных).

Непостоянные грамматические признаки местоимений:

падеж;

род;

число.

Начнем разбираться в теме местоимений с понятия разряда.

Узнай, какие профессии будущего тебе подойдут

10 минут — и ты разберёшься, как стать тем, кем захочешь

Разряды местоимений

Семантический разряд — постоянный морфологический

признак местоимения. По значению и грамматическим признакам выделяют 9 разрядов местоимений.

Какие бывают местоимения в русском языке:

личные;

возвратные;

притяжательные;

вопросительные;

относительные;

отрицательные;

неопределенные;

определительные;

указательные.

Практические упражнения для закрепления предмета

Упражнение 1. Вспомните, что вам известно о местоимении. Запишите предложения, завершая мысль:

а) Местоимение – это самостоятельная часть речи; это слова, употребляемые вместо…

б) Местоимения отвечают на вопросы…

в) Местоимения не называют… и …, а только…

г) Существует девять разрядов местоимений: 1) личные, 2)…, 3)…, 4)…, 5)…, 6)…, 7)…, 8)…, 9)…

Упражнение 2. Прочитайте текст. Выпишите из текста местоимения, укажите их разряд и морфологические признаки.

Образец:

Нас наша партия ведёт, и с ней народ един (С.В. Михалков):

1) нас - личное, 1 лицо, множественное число, винительный падеж; 2) наша - притяжательное, 1 лицо, женский род, единственное число, именительный падеж; 3) ней - личное, 3 лицо, женский род, единственное число, творительный падеж.

Есть небольшие поучительные истории, которые любому из вас хорошо знакомы. Иван Андреевич Крылов - кто же его не знает? Его басни – часть нашего детства, хотя и писал он их исключительно для взрослого читателя. Вы наверняка помните наизусть некоторые из них. Читая сюжеты о животных, ты понимаешь: каждая басня – рассказ о неких людях и их пороках. Высмеивая чьи-то недостатки, басни помогают нам узнавать себя - это очевидно для всех, и здесь нечего возразить. Сколько среди нас, например, таких беспечных лентяев, как Стрекоза в басне «Стрекоза и Муравей». Или тех, кому хочется напомнить басню «Лебедь, Щука и Рак». Никто не отрицает: герои Крылова живут и среди нас.

Упражнение 3. Перепишите текст, расставляя знаки препинания. Выпишите все местоимения, укажите их разряд, восстановите их начальную форму. Укажите все морфологические признаки каждого местоимения. Повторяющиеся местоимения можно выписать только один раз.

ОБРАЗЕЦ:

ю) Мне с ними неинтересно, мои интересы значительно шире.

Местоимения:

мне – личное, н.ф. – я; дательный падеж, ед.ч, 1 лицо;

ними – личное, н.ф. – они; творительный падеж, мн.ч., 3 лицо;

мои – притяжательное, н.ф. – мой; именительный падеж,

мн.ч.

Мой сын! Послушай мой рассказ

О нашей Родине о нас

О тех кто много лет назад

Подняв Москву и Петроград

Под красным знаменем в бою

Свободу отстоял свою

И отдал молодость борьбе

Чтоб хорошо жилось тебе!

Ты ходишь в школу в третий класс

Как тысячи детей.

Немало школьников у нас

И каждый - грамотей!

Упражнение 4. Расставьте ударения и объясните правописание отрицательных и неопределённых местоимений.

Кое-что, нечто, ничто, нечем, ничем, никакой, не на что, никем, ни с кем, не с кем, какой-нибудь, чей-либо, ни к чему, некого, кое-кого, кое с кем, ни с чем.

Упражнение 5. Перепишите предложения, вставляя буквы и знаки и препинания. Выпишите все местоимения, укажите их морфологические признаки: разряд, начальную форму, падеж, лицо, число (если есть).

Образец: Я не знаю, с кем и о чём у тебя несколько дней назад был спор, не знаю, удалось ли тебе переломить его позицию и не уронить себя в глазах наших оппонентов.

Местоимения:

я - личное; н.ф. - я; именительный падеж, 1 лицо, единственное число

кем - относительное; н.ф. - кто; творительный падеж

о чём - относительное; н.ф. - что; предложный падеж

тебя - личное; н.ф. - ты; родительный падеж, 2 лицо, единственное число

несколько - неопределённое; н.ф. - несколько; единственное число

тебе - личное; н.ф. - ты; дательный падеж, 2 лицо, единственное число

его - притяжательное; н.ф. - его

себя - возвратное; н.ф. - себя; родительный падеж

наших - притяжательное; н.ф. - наш; родительный падеж, 2 лицо, множественное число

1) Его (н..)кто (н..)заметил (н..)кто (н..)удерж..вал и на его лице отразилось какое(то) недоумение.

2) Через несколько минут (н..)кого (н..)осталось на улице.

3) Больше ждать было (н..)кого и (н..)(за)чем.

4) (Н..)что (н..)трогало его (н..) замечал он (н..)чего.

5) Едва(ли) кому(либо) что(то) было известно о ней однако содержание её письма вскоре стало известно всем.

6) Мне решительно скрывать (н..)чего поэтому я о себе всё рассказал.

7) А теперь мне выехать (н..)(на)чем (н..)кому лошадей подковать.

8) Им (н..)(в)чём н..льзя доверять.

9) (Н..)(на)чем отдохнуть взгляду измуче..ому однообразием бе..конечной картины.

10) (Н..)какими силами и стараниями н..льзя было докопаться из чего был состряпан его халат.

11) Но (н..)какого Коровьева так и (н..)нашли и (н..)какого Коровьева (н..)кто в доме (н..)знал и (н..)видел

12) Пр..дположим что у вас в кармане два яблока; (н..)кто взял у вас одно яблоко. Сколько у вас осталось яблок?

(Использованы фрагменты произведений А.С. Пушкина, Н.В. Гоголя, А.И. Герцена, И.А. Гончарова, М.А. Булгакова, А.Н. Толстого)

Упражнение 6.Перепишите словосочетания, вставляя пропущенные буквы и раскрывая скобки.

Н..(за)что благодарить; н..(за)что не благодарил; (н..)когда болтать; (н..)кого спросить; (н..)(у)кого спросить; увидел (н..)кого иного, как отца; (н..)кого иного не увидел; (н..)кому доложить; сообщил (н..)кому другому, как директору; (н..)кому другому нельзя доложить; (н..)куда спешить; (н..)где не находил покоя; это (н..)как невозможно; (н..)какой благодарности; (н..)(на)что купить; (н..)(на)что не обращать внимания; (н..)(от)куда ждать помощи; (н..)чем заняться; здание было (н..)чем иным, как университетом; (н..)чем иным объяснить не мог; (н..)когда не опаздывал; (н..)куда не спешил; (н..)(к)чему не притрагивался; (н..)(от)куда не ждал вестей; (н..)(по)чём не догадался бы; я здесь (н..)(при)чём; это его (н..)сколько не занимало; (н..)чей щенок; (во)что(бы)то(н..)стало; (н..)(в)какую не соглашался.

Упражнение 7. Перепишите текст, вставляя пропущенные буквы и знаки препинания. Выпишите из текста все местоимения, укажите их начальную форму, разряд и морфологические признаки.

Жила(была) белка в лесу н..(о)чём н.. тужила и (н..)кто её (н..)бе..покоил. Спала она на ветке большой-пр..большой ели. (Н..)когда н.. забот..лась (н..)(о)ком толь-ко о себе. Прошло (не)много времени и у неё по..вилось (н..)сколько бельчат. Теперь белка (н..)ку-да от них н.. уходила.

Когда(же) зимой нач..лись обвалы какой(то) тяж..лый ком снега обруш..лся с вершины дерева на крышу ж..лища белочки. Белка выск..ч..ла а её бе..помощ..ные дети ок..зались в ловушке. (Н..)куда бе-жать н..(к)кому обр..тит..ся за помощью. Н..уже(ли) (н..)кто н.. спасёт бельчат? Белка сама быстро пр..нялась ра..капывать снег. (К)счастью круглое внутре..ее гнездо из мягкого мха осталось целым. Н..когда лесная жительница н.. была так счастл..ва. Н..что больше (н..)омрачит её радости. (По В. Бианки)

Упражнение 8. Что вы знаете о принципе построения компьютера? Подготовьте свое мнение в текстовом виде в качестве домашнего задания в Word?

Тема 18. Склонение местоимений. Лексическая тема: Внешние устройства.

Местоимения изменяются по падежам, родам и числам. Поскольку в русском языке выделяют несколько разрядов местоимений, изменение их происходит по-разному. В данной статье описаны особенности склонения личных, возвратных, притяжательных, указательных, вопросительных и определительных местоимений с примерами.

Склонение местоимений – это словоизменение местоимений по падежам, родам и числам. Так как в русском языке местоимения представлены группами слов с различными грамматическими признаками, особенности их склонения отличаются.

Большинство местоимений склоняемые. К несклоняемым словам-исключениям относятся притяжательные местоимения его, ее, их и неопределенные некто, нечто. Указательное местоимение таков и вопросительное каков изменяются только по числам и родам (таковы правила, таково решение, каковы вопросы, каков план).

Как видно из таблицы, запомнить и применить это правило довольно сложно, но для начала надо запомнить на какой вопрос отвечает тот или иной падеж.

Именительный: Кто? Что?

Родительный: Кого? Чего?

Дательный: Кому? Чему?

Винительный: Кого? Что?

Творительный: Кем? Чем?

Предложный: О ком? о чём?

После того,как мы просклоняем местоимения по падежам, становится понятна одна из форм,как видно из таблицы, некоторые местоимения имеют 2 формы, например: "у неё/ её". Что же это значит и как правильно применить данную конструкцию в речи и письме? Давайте обратимся снова к примеру:

У неё красивая шляпа [u niyo krasivaya shlyapa] - she has a beautiful hat

- для начала определим падеж - у кого? - у неё. Это родительный падеж, т.к. именно этот вопрос соответствует данному падежу. По контексту предложения ясно,что красивая шляпа у какой-то женщины или девушки, возможно,что она сейчас эта шляпа на ней.

Сравните другое предложение:

Её шляпа лежит на столе [Iyo shlyapa lizhit na stale] - her hat is on the table.

В данном случае, "её" также относится к родительному падежу, но здесь, по смыслу мы можем определить,что шляпа принадлежит кому-то и она находится где-то.

Если в речи вы употребляете предлог перед местоимением "она", то необходимо употребить "у неё".

А вот,если мы хотим сказать,что, к примеру, какой-то предмет относится к местоимению "она", мы употребляем - "её"

Ручка её [ruchka iyo] - her pen (бабушки, девочки, мамы и так далее)

Практические упражнения для закрепления предмета

Упражнение 1.

1. Спишите. Выделенные имена существительные замените личными местоимениями.

У меня есть сестра. Сестра учится в институте. Мой папа - геолог. Папа работает в Сибири.

____
____
____

2. Прочитайте. Выпишите местоимения единственного числа с глаголами.

Всё лето я жил в деревне. Мы с дедушкой ходили на рыбалку. Однажды я поймал щуку. Она сильно била хвостом.

____
____
____

3. Напишите личные местоимения единственного числа

____

____

Упражнение 2.

1. Спишите. Вставьте подходящие по смыслу личные местоимения.

Катя сказала мне, что зимой ________ поедет в Москву. Завтра _______ пойдём в музей. В класс пришёл новый учитель, раньше _______ работал в другой школе.

____
____
____
____
____

____

____

____тай

те. Выпишите предложение с местоимениями 3-го лица.

Ребята, когда вы пойдёте на экскурсию? Сегодня на уроках не было Сергея, он заболел.

____

____

3. Напишите личные местоимения множественного числа.

____

____

Упражнение 3.

1. Спишите. Замените повторяющиеся существительные местоимениями 3-го лица.

Летом на даче у меня появились новые друзья. Друзья теперь часто звонят мне по телефону. Перелётные птицы собираются в стаи. Птицы готовятся к отлёту.

____

____

____

____

—

2. Прочитайте. Укажите лицо местоимений.

Ты, рябинушка, раскудрявая,

Ты когда взошла, когда выросла?

Я весной взошла, летом выросла,

По зорям цвела, солнцем вызрела.   (Русская народная песня)

3. Прочитайте. выпишите личные местоимения, укажите их лицо и число.

Зимой я научился кататься на коньках. На костре мы жарили шашлык. Марина, ты пойдёшь в кино?

____

____

____

Тема"Склонение личных местоимений"

Упражнение 4.

1. Спишите. Укажите падеж личных местоимений.

Летом я поеду на дачу. Там у меня много дел. Мне нужно поливать и ухаживать за цветами.

____

____

____

2. Просклоняйте личное местоимение 1-го лица в единственном числе.

И.п._________________________________   В.п.
____

Р.п._________________________________   Т.   п.
____

Д.п._________________________________
П.п._________________________________

3. Укажите лицо, число и падеж личных местоимений.

От   меня   -
____
____

У   тебя   -
____
____

К   нам   -
____
____

Вами   -
____
____

О   нём   -
____
____

Упражнение 5.

1. Составьте и запишите предложение с местоимением 1-го лица множественного числа в Д.п.

____
____

2. Просклоняйте личное местоимение 2-го лица множественного числа.

И.п.____

Р.п.____

Д.п.____

В.п.____

Т.п.____

П.п.____

3. Выпишите личные местоимения 3-го лица множественного числа.

Им, ими, ему, вам, они, о них, тебя, нас, мной, нами, мне.

Упражнение 6.

1. Прочитайте. Выпишите личные местоимения. Укажите лицо, число и падеж.

Вчера я прочитал интересную книгу. У нас в квартире живёт попугай. У тебя есть карандаш?

____

____

2. Просклоняйте личное местоимение 3-го лица множественного числа.

И.п.____

Р.п.____

Д.п.____

В.п.____

Т.п.____

П.п.____

3. Укажите лицо, число и падеж личных местоимений.

Мне   -
____
____

От   нас   -
____
____

Тобой   -
____
____

О   вас   -

____

____

C   нами   -

____

____

Упражнение 7.

1. Спишите. Замените выделенные имена существительные местоимениями. Укажите лицо, число и падеж личных местоимений.

Охотник нашёл в лесу лисёнка. Он принёс лисёнка домой. Это был шустрый зверёк.

Ночью лисёнок просыпался и бегал по комнате. К осени лисёнок стал большим. Охотник отпустил лисёнка в лес.

____

____

2. Составьте и запишите предложение с местоимением 2-го лица единственного числа в Т.п.

____

____

3. Укажите лицо, число и падеж личных местоимений.

У нас, к тебе, с тобой, о них, у неё, к вам.

Упражнение 8. Напишите краткое описание компьютерной периферии?

Тема 19. Глагол. Наклонение глаголов. Время глаголов. Лексическая тема: Память компьютера.

Наклонение глаголов в русском языке — это грамматический признак спрягаемых глаголов.

Формы наклонений глаголов выражают, как ситуация относится к действительности: воспринимается ли действие как реальное, которое происходит в конкретный момент времени, или нереальное, то есть желаемое, возможное при определенных условиях.

Различают два типа наклонений:

Прямое наклонение — изъявительное наклонение, которое служит для объективной передачи факта действия по отношению к действительности.

Пример:

Вчера я выполнила контрольную работу.

Косвенные наклонения — повелительное и сослагательное. Они служат для выражения ирреального действия, которое может не совпадать с действительностью.

Пример:

Поздравь маму с праздником!

Я прочитала бы эту статью сегодня, но иду на свидание.

Приведем примеры, чтобы увидеть разницу в контексте времени:

Ходила. — Действие происходило в прошлом (что делала?).

Хожу. — Действие совершается сейчас, в момент, когда мы это слово произносим (что делаешь?).

Буду ходить. — Действие будет происходить в будущем, после того как мы произнесем эти слова (что будешь делать?).

Ходил бы. — Действие не совершается, есть желание его когда-нибудь реализовать. Невозможно определить время (что бы ты сделал?). В предложении это может звучать так: Ходил бы ты к нам почаще.

Ходи! — Действие не соответствует ни одному из времен. Звучит как просьба или приказ. Неизвестно, совершится оно или нет.

Глаголы можно использовать в формах трех наклонений: изъявительное, сослагательное и повелительное. Рассмотрим каждое подробнее.

Глаголы в форме изъявительного наклонения

используют, когда действие совершается, уже совершилось или будет происходить. Это значит, что глаголы в изъявительном наклонении изменяются по временам:

настоящее время (что делаю? что сделаешь? что делаем?) — я читаю, ты прыгнешь, мы пишем;

прошедшее время (что делал? что сделал?) она читала, он прыгнул;

будущее время (что сделаю? что буду делать?) прочту, прыгну, буду писать.

Практические упражнения для закрепления предмета

Упражнение 1. Определите, какие глаголы относятся к переходным, какие – к непереходным.

Идти, строить, отделять, взяться, участвовать, вернуть, хвалить, преодолеть, заключить, бегать, решиться.

Упражнение 2. Назовите форму инфинитива следующих глаголов.

Даю, клею, займём, отвожу, отвёл, расцветает, отдалялись, устаю, гребёшь, мелем, возьмёмся, иду, могу.

Упражнение 3. Спишите, вставляя пропущенные буквы.

Леле…л, та…ло, забрезж…ло, рассе…лся, ненавид…л, потч…вал, исповед…вал, завед…вал, завид…вал, проповед…вать, созр…вать, подогр…вать, вывед…вал, подгляд…вал.

Упражнение 4. Сделайте морфемный разбор глаголов.

Выспаться, сушиться, нравлюсь, гордилась, коснулся, клевать, зацветаешь, спрячься, решили.

Упражнение 5. Спишите, вставляя пропущенные буквы, обозначая окончания глаголов.

Он кле…т, сыпл…т, бор…тся, держ…тся, терп…т, бре…тся, разгружа…т, раду…т, увид…т.

Ты дремл…шь, вяж…шь, гон…шься, полощ…шь, наде…шься, посмотр…шь, похлопоч…шь, отброс…шь, навар…шь, выпеч…шь.

Они свет…т, се…т, ссор…тся, погас…т, развлека…тся, распиш…тся, встрет…т, расскаж…т, рассерд…тся, распор…т, приготов…т.

Упражнение 6. Вставьте пропущенные буквы т или ть.

а) Мы решили учи…тся, и каждый из нас старательно учи…ся.

б) Товарищ думает подготови…ся к экзаменам в университет и, наверное, подготови…ся.

в) Механизаторы обещали верну…ся сегодня, только вряд ли они верну…ся вовремя.

г) Наши атлеты гордя…ся своими достижениями и действительно имеют право горди…ся ими.

Упражнение 7.Спишите предложения, подчёркивая глаголы повелительного наклонения и вставляя пропущенные буквы.

а) Предста…те себе первые цветы ландышей.

б) Постав… перед собою простой вопрос.

в) Предостав…те ему полную свободу мечтать.

Упражнение 8.Перепишите, вставляя пропущенные буквы.

а) Вышл…те нужные мне книги. Если вышл…те в ближайшие дни, я получу их своевременно.

б) Вытр…те пыль с письменного стола. Когда вытр…те, возьмите лист бумаги и напиш…те ответное письмо.

в) Если дверь будет заперта, стукн…те в неё. Как только стукн…те, вам откроют.

г) Умолкн…те хоть на минуту. Пока не умолкн…те, я рассказывать не стану.

Упражнение 9.Спишите текст, вставляя буквы. Укажите вид, время и наклонение глаголов.

Роса на траве

Когда в солнечное утро летом п…йдёш… в лес, то везде видны алмазы. Все алмазы эти бл…стят и переливаются на со…нце разными цветами. Когда под…йдёш… ближе и разгл…диш…, что это такое, то увид…ш…, что это капли росы с…брались в листах травы и бл…стят на со…нце. Бывало, сорвёш… листок с травинкой, потихоньку понесёш… ко рту и выпь…ш… р…синку. И р…синка эта вкуснее всякого напитка каж…тся.

Упражнение 10. Что вы знаете о памяти компьютера? Обогатить свои мысли, пообщавшись с друзьями и написать творческое эссе?

Тема 20. Виды глагола. Лексическая тема: Носители информации.

Глаголы в русском языке подразделяются на два вида:совершенный и несовершенный. Чтобы определить вид достаточно задать к нему вопрос.Глаголы несовершенного видаотвечают на вопрос "что делать?" (

“что делает?”, “что делал?”, “что будет делать?”), например: прыгать, бегал, будет сидеть и т.д.Глаголы же совершенного видаотвечают на вопрос “что сделать?” (“что сделает?”, “что сделал?”), например:купить, сдал, нарисует и т.д.

Глаголы несовершенного вида указывают на повторяемость и продолжительность действия: бегать — бегал (долго и много раз).

Глаголы совершенного вида обозначают ограниченное пределом действие:сделать — сделал (действие уже совершено). Помимо этого они могут указывать на его однократность, начало и окончание: прыгнуть — прыгнул(совершалось единожды), запеть, спеть.

Некоторые глаголы могут употребляться то в значении несовершенного вида, то в значении вида совершен ного,например: Мы сейчас широко используем (несовершенный вид) в промышленности достижения науки. — Ещё больше мы используем (совершенный вид) достижения науки в будущем. Такие глаголы, как “использовать”, “казнить”, “жениться”, называются двувидовыми.

Следует также заметить, что глаголу одного вида может соответствовать глагол другого вида с одним и тем же лексическим значением. Эти глаголы образуют видовую пару: зацвести (в мае) — зацветать (вовремя), спасти (друга) — спасать (друга).

Есть глаголы, которые не образуют форм другого вида, например, глаголы “сожалеть”, “присутствовать”, “преобладать” и др. не образуют парных форм совершенного вида, а глаголы “ринуться”, "понадобиться" — парных форм несовершенного вида.

Примечания

Глаголы совершенного вида образуются от глаголов несовершенного вида разными способами:

прибавлением приставок, например: писать — написать, строить — построить и др.

отбрасыванием суффиксов, например: оде вать — одеть, давать — дать и др.

заменой суффиксов, например: прыгать — прыгнуть, разгляд ывать — разгляд еть и др.

заменой суффиксов и чередованием гласных и согласных в корне, например: вздрагивать — вздрогнуть, умирать — умереть и др.

Значительно реже глаголы совершенного вида образуются от глаголов несовершенного вида ещё двумя способами:

переносом ударения, например: об-ре-з ать — об-ре-зать, на-сы-п ать — на-с ы-пать и др.

при помощи другого слова, например: ловить — поймать, брать — взять и др.

Практические упражнения для закрепления предмета

Упражнение 1.

1. Во сколько вы обычно встаёте? А во сколько вы встали сегодня? 2. Во сколько вы обычно ложитесь спать? А во сколько легли сегодня? 3. Вы читаете книги каждый день? 4. Как называется книга, которую вы недавно прочитали? 5. Вы любите смотреть фильмы? 6. Какой фильм вы посмотрели на прошлой неделе? 7. Вы часто звоните своим родителям? 8. А вы позвонили им сегодня? 9. Вы пишете сообщения своим друзьям по электронной почте? 10. А кому вы сегодня написали сообщение? О чём? 11. Вы пьёте кофе по утрам? 12. А сегодня вы выпили кофе?

Упражнение 2.Виды глаголов в русском языке

13. Вы любите слушать музыку? Какую? 14. Во сколько вы начинаете работать? 15. Во сколько вы кончаете работать? 16. Сколько времени продолжается ваш рабочий день? 17. Вы каждый день ходите на работу? 18. Что вы иногда берёте с собой на работу? А что вы взяли сегодня? 19. Вам удаётся хорошо отдохнуть в выходные дни? 20. Что вы будете делать в следующие выходные дни? 21. Что вы редко покупаете в магазинах? 22. Вам вредно есть какие-нибудь продукты?

Упражнение 3.

23. Вы всегда ужинаете дома? 24. А где вы поужинали вчера? 25. Когда вы учились в школе, вы всегда делали домашнее задание? 26. Вы учите какие-нибудь стихотворения на русском языке? 27. Какие

стихотворения вы выучили? 28. Вы всегда понимаете, что говорит Ваш преподаватель по-русски? 29. Кого вы поздравляете с праздниками? 30. Что вы желаете своим друзьям и родным?

Упражнение 4.Выберите один из глаголов, данных в скобках, и поставьте его в нужную форму.

1. Они редко (пообедать/обедать) в ресторане. 2. Он каждый день (дарить/подарить) ей цветы. 3. Мы (ремонтировали/отремонтировали) свою машину 2 часа. 4. Я забыл (заплатить/платить) за телефон. 5. На какую ногу вам больно (наступить/наступать)? 6. Не надо (спорить/поспорить). 7. Он разучился (поиграть/играть) в шахматы. 8. Она успела (садиться/сесть) в поезд, который уже отходил. 9. Они (строили/построили) дом 2 года. 10. Я отвыкла (вставать/встать) рано.

Упражнение 5.

11. Не нужно (заказать/заказывать) такси: я сам отвезу вас в аэропорт. 12. Он сумел (сдавать/сдать) все экзамены на отлично. 13. Им скучно (жить/пожить) в деревне. 14. Он устал (работать/поработать) по 10 часов в сутки. 15. Вам вредно (есть/съесть) солёные продукты. 16. Как тебе удалось (выучить/учить) китайский язык за год? 17. Она (писать/написать) родителям раз в месяц. 18. Он смог (выиграть/выигрывать) у теннисиста, который был намного сильнее его. 19. Мы всегда (брать/взять) с собой в поездку разные лекарства. 20.

Сегодня он сам (готовить/приготовить) завтрак.

Упражнение 6.Вставьте вместо точек глагол совершенного или несовершенного вида в нужной форме.

1. Студент … задачу и показал её преподавателю Мы … задачу 3 часа. (решать/решить)

2. Они … в Англии 4 года. Он … в Германии и вернулся на Родину. (работать/поработать)

3. Она отлично … к экзамену. Я … к экзамену 2 дня. (подготовиться/готовиться)

4. Ты очень хорошо … текст. Он … текст полдня. (перевести/переводить)

5. Мы … квартиру и пошли гулять. Сколько времени они … квартиру? (убирать/убрать)

6. Почему вы так долго … чай? Я … чай и пошла на работу. (пить/выпить)

7. Он … телевизор и лёг спать. Они … телевизор весь вечер. (посмотреть/смотреть)

Упражнение 7. Выберите нужный глагол и вставьте его вместо точек.

1. Когда он …, он смотрел на часы. Когда он …, он пошёл на лекцию. (обедать/пообедать).

2. Когда она ..., она думала об экзамене. Когда она ..., она пошла в университет. (завтракала/позавтракала)

3. Когда я ..., я вспоминал все события этого дня. Когда я ..., лёг спать. (ужинал/поужинал)

4. Когда он ... письмо от невесты, он улыбался. Когда он ... письмо от невесты, он положил его в карман напротив сердца. (читал/прочитал)

5. Когда он ... машину, он долго осматривал её со всех сторон. Когда он ... машину, он поехал на ней домой. (покупал/купил)

6. Когда я ... суп, я думал о том, какой он вкусный. Когда я ... суп, я попросил вторую порцию (ел/съел)

7. Когда она ... экзамен, она очень волновалась. Когда она ... экзамен, она была счастлива. (сдавала/сдала)

8. Когда он ... текст, он пользовался словарём. Когда он перевёл текст, он пошёл гулять. (переводил/перевёл)

9. Когда она ... книгу, она использовала свой жизненный опыт Когда она ... книгу, она решила её опубликовать. (писала/написала)

10. Когда он ... на новую квартиру, он заказал машину для мебели. Когда он ... на новую квартиру, он был очень доволен. (переезжал/переехал)

Упражнение 8. Попробуйте составить предложения со следующими словами на тему носители информации?

информация, интернет, вайфай, скорость, память, очистка, фильтр

Тема 21. Спряжение глаголов. Лексическая тема: Программное обеспечение компьютера.

Многие различные типы слов имеют спряжения, то есть их окончания меняются в зависимости от того, как они используются в предложении. Когда существительные или прилагательные изменяются по падежам, мы называем этот процесс склонением.

Когда мы говорим о глаголах, этот процесс называется спряжением.

В большинстве языков изменения глаголов делятся на следующие семь категорий: лицо - говорит ли человек или предмет (1-е лицо), с ним говорят (2-е лицо) или о нем говорят (3-е лицо)

число - сколько людей или предметов имеется в виду (единственное/ множественное число)

род - грамматический род (он/она/ оно) соответствующих людей или вещей

время - когда происходит действие глагола - в прошлом,

настоящем или будущем

аспект - как происходит действие глагола - сразу, непрерывно или в течение длительного времени

настроение - выражает ли глагол факты (индикатив), команды (императив) или гипотезы (сослагательное наклонение)

голос - выполняет ли грамматический субъект (лицо или предмет) действие (активный) или является лицом или предметом, с которым происходит действие (пассивный).

Некоторые языки имеют еще больше категорий, например, наш новый язык,Georgian, имеет одну из самых сложных систем глаголов в мире.

Непревзойденный охват спряжений онлайн - bab.la предлагает весь спектр правильных и неправильных глаголов на 12 различных языках, охватывая все вышеперечисленные категории - лицо, число, род, время, аспект, настроение и голос - и даже больше для языков с более сложными системами спряжения. Просто перейдите в раздел выбора языка и выберите язык, который вы изучаете. А почему бы не посмотреть, как устроены другие языки?

Факты на кончиках ваших пальцев

Хотите научиться использовать самые распространенные глаголы в языке? Или освоить эти хитрые неправильные глаголы, которые, кажется, специально созданы для того, чтобы запутать изучающих язык? Просто зайдите в нашу таблицу "Общие глаголы" и нажмите на ссылку, чтобы увидеть полную информацию о каждом из них.

Макет, который поможет вам учиться

Для каждого глагола bab.la предлагает:

обзор, показывающий инфинитив и две другие наиболее важные формы для вашего языка

Полное спряжение, изложенное в ясном и кратком формате, оптимизированном для легкого обучения

Переводы на все 12 языков, представленных на нашем сайте, для тех, кто путешествует по всему миру!

Всего более 30 000 глаголов - настоящая золотая жила для любителей языков!

Практические упражнения для закрепления предмета

Упражнение 1. Прочитайте предложения и объясните употребление выделенных глаголов. Напишите видовые пары.

1. В международной олимпиаде приняли участие иностранные студенты с разных факультетов. А Вы принимали участие в международных конференциях? – Да, принимал

2. Молодой специалист быстро обнаружил компьютерный вирус   Раньше обнаруживали этот вирус? – Да, обнаруживали.

3. В этой лаборатории провели эксперимент студенты медицинского факультета. Раньше они проводили этот эксперимент? – Да, проводили.

4. Школьник из Сибири победил на олимпиаде по математике.. Раньше он побеждал на подобных олимпиадах? – Да, побеждал.

5. В университете он выучил испанский язык. Раньше он учил испанский язык? – Да, учил.

Упражнение 2. А)Продолжите предложения по образцу. Объясните употребление глаголов НСВ и СВ.

Образец: Артём пишет контрольную работу а я уже ..... .

Артём пишет контрольную работу, а я уже написал.

1. Антон ещё одевается, а Дмитрий уже.

2. Он принимает лекарство, а я уже .....   .

3. Дима ложится спать, а Карлос уже .... .

4. Ему удаляют зуб, а моему другу уже ..... .

5. Эту собаку лечат , а эту кошку уже ..... . она здорова

6. Они отказываются от этого предложения , а я уже .....
.

Упражнение 3. Ответьте на вопросы, используя следующие ответы.

Я готовился к экзамену

Я подготовился к экзамену

Почему Вы не пришли на концерт индийских студентов?

Вы играли в футбол вчера ?

Вы можете пойти со мной в театр завтра вечером?

Что Вы делали вчера?

Вы свободны сейчас?

Вы сдадите экзамен завтра?

Упражнение 4..Напишите предложения, выбрав нужный глагол. Объясните свой выбор.

1. После окончания магистратуры   молодая девушка (сдавать/сдать) экзамены в аспирантуру.2.Из-за плохой погоды   лётчик (прекращать/прекратить) полёт.3.Для примера преподаватель (отобрать/отбирать) несколько вариантов ответа.4. Во время каникул студенты (отдыхать/отдохнуть)   дома. 5. Туристы (осматривать/осмотреть) достопримечательности города целую неделю . 6. Ежегодно выпускники школ (собираться/собраться) на выпускной вечер.7. та женщина (воспитывать/воспитать) троих детей. 8. Девушка   (вырастать/вырасти), и теперь сможет работать на этом заводе . 9 Моя подруга (стареть/постареть) и я не (узнавать –узнать) её сразу.

Упражнение 5. Составьте диалоги по образцу:

- Где мой словарь? (класть – положить)

- Ты положил его на стол

Где моя глагольная тетрадь? (давать – дать новой студентке)

Где мой мобильный телефон? (забывать – забыть в университете)

Где моя красная ручка?(оставлять   – оставить в

аудитории)

Где учебник по гистологии? (возвращать – вернуть другу)

Где мой атлас по анатомии? (сдавать – сдать в библиотеку)

Где мой новый галстук? (брать – взять)

Упражнение 6.   Составьте диалоги по образцу:

- Ты знаешь, что завтра будет собрание? Тебе сказали об этом?

- Да, мне сказали об этом.

1. В понедельник вы будете сдавать экзамен по русскому языку. (предупреждать – предупредить)

2. Завтра вам привезут эту книгу.   (получать- получить сообщение)

3. В субботу будет экскурсия в Ярославль.   (звонить – позвонить)

4. В среду вы будете писать контрольную работу. (сообщать – сообщить)

5.   В сентябре будет проходить международная конференция. (информировать – проинформировать)

6. В этом году приедет ваш брат. (писать- написать)

7. Сегодня вечером вы будете готовиться к экзамену. (передавать – передать эту информацию)

Упражнение 7. Ответьте на вопросы

1. Сколько времени вы изучали русский язык?

2. За сколько времени он освоил другую специальность?

3. Сколько часов проходила аттестация преподавателей?

4. За сколько времени Вы организовали это мероприятие?

5. Сколько лет эта балерина выступала на сцене Большого театра?

6. Сколько месяцев ваша группа готовилась к медицинской практике?

7. За сколько времени студент подготовил диплом к защите?

8. За сколько времени Вы выполнили домашнее задание?

9. Сколько лет учёные решали проблему

предупреждения пародонтоза?

10. За сколько времени Вы провели пресс-конференцию?

11. За сколько времени они обсудили этот интересный проект?

Упражнение 8. Прочитайте текст. Объясните употребление выделенных глаголов. Напишите видовые пары.

а) Перепишите текст, используя слова, указывающие на длительность действия (см. таблицу выше)

б) Замените глаголы НСВ глаголами СВ в прошедшем времени. Скажите, с какими глаголами возможно употребление слов со значение законченности действия. Напишите эти предложения.

Упражнение 9. Прочитайте предложения. Определите вид выделенных глаголов и объясните их употребление.

А) 1. Занятия иностранным языком проводятся на факультете по средам и пятницам. 2. Больной принимал лекарства каждый день . 4. Каждую зиму земля покрывается снегом.5. Эти студенты часто одерживали победы в олимпиадах. 6. Он много раз видел этот фильм.7. Каждый раз, когда родители уходили на работу, он оставался дома.8. Она часто обижалась на своего друга, когда он не звонил ей. 9. Он всегда отказывался от этого предложения

Б) 1. Больной принял лекарство вчера вечером. 2.Правительство предотвратило финансовый кризис. 3. По телевизору сообщили интересную новость . 4. Наступил вечер и стало прохладно. 5. В статье она выразила своё отношение к этому писателю. 6. Этот врач вылечил мою хорошую знакомую от аллергии. 7. В прошлом году издательство РУДН выпустило новый учебник по русскому языку. 8. Они поздоровались друг с другом и пошли дальше. 9. Он не возглавил эту компанию из-за болезни.

Упражнение 10. Написать короткую речь о компьютерных программах и попробовать ее произнести?

Тема 22. Формы глагола: причастие и деепричастие. Лексическая тема: Информационные технологии в профессиональной деятельности.

Глагол – самостоятельная часть речи, которая обозначает действие и отвечает на вопросы что делать? что сделать? Общее грамматическое значение глагола – значение действия. Морфологические признаки глагола делятся на постоянные и непостоянные.

К постоянным морфологическим признакам глагола относятся возвратность, вид, переходность, тип спряжения; к непостоянным – число, наклонение, время (в изъявительном наклонении), лицо (в настоящем и будущем временах), род (в единственном числе глаголов прошедшего времени изъявительного и условного наклонений).

Синтаксические функции глагола – в предложении глагол обычно является сказуемым и образует вместе с подлежащим грамматическую основу предложения.

Каждый глагол имеет начальную форму, которая называется инфинитивом. Глагол в форме инфинитива отвечает на вопросы что делать? что сделать? и имеет суффиксы -ть, -ти. Например: учить, писать, идти, верить, сказать, убедить, привстать. Некоторые глаголы в форме инфинитива оканчиваются на -чь в инфинитиве – это часть основы, корня: беречь, стеречь, испечь.

В предложениях инфинитив может быть всеми членами:

Курить – здоровью вредить.

Учитель сказал нам принести альбомы для рисования.

Мечта увидеть Париж появилась у меня в детстве.

Он пошёл на соседнюю улицу посмотреть на пожар.

Постоянные признаки глагола.

Возвратными называются глаголы, имеющие возвратный суффикс -ся (-сь), особенностью которого является то, что он стоит после всех морфем и даже после окончания: умоется, пригорюнишься, вернулись. Невозвратные глаголы такого суффикса не имеют: умыть, вернёшь, подскажут.

Глаголы бывают несовершенного и совершенного вида. Вид определяется по вопросам: глаголы несовершенного вида отвечают на вопрос что делать? (говорить, сидеть), а глаголы совершенного вида – на вопрос что сделать? (сказать, присесть). Переходные глаголы – это такие глаголы, действие которых переходит на предмет, поэтому переходные глаголы требуют наличия при себе зависимого существительного или местоимения в винительном падеже без предлога: купить (что?) портфель, встретить (кого?) друга. При переходном глаголе может быть употреблено существительное в родительном падеже без предлога, обозначающее часть предмета или при отрицании: купить (чего?) хлеба, сахару; не купить (чего?) масла, молока. При непереходном глаголе зависимого существительного (местоимения) либо вообще нет, либо оно в форме любого падежа, в том числе в винительном с предлогом (кроме вин. без предлога): умоюсь (нет зависимого существительного), прилечь на диван (винительный падеж с предлогом), лежать на диване (предложный падеж).

Глаголы относятся к одному из двух типов спряжения. Спряжением глагола называется изменение глаголов по лицам и числам. Спрягаются глаголы только в изъявительном наклонении в настоящем и будущем времени. В прошедшем времени глаголы изменяются по родам и числам. Глаголы I спряжения имеют окончания -у (-ю), -ешь (-ёшь), -ет (-ёт), -ем (-ём), -ете (-ёте), -ут (-ют). Глаголы II спряжения имеют окончания -у (-ю), -ишь, -ит, -им, -ите, -ат (-ят).

Практические упражнения для закрепления предмета

Упражнение 1.Образуйте все возможные формы причастий от следующих глаголов. Образуйте деепричастия от этих же глаголов. Отметьте случаи, когда от глагола нельзя образовать той или иной причастной формы или деепричастия. С чем это связано? При наличии вариантов тех или иных форм укажите, как соотносятся эти варианты.

Арестовать, атаковать, бежать, беречь, бить, блистать, брести, брить, вернуть, вить, гасить, гнать, грести, грызть, достичь, дышать, ехать, жать (руку), жевать, жечь, жить, завести, звать, идти, издавать, изобрести, искать, капать, колоть, лазать, лезть, лизнуть, махать, мыть, найти, налить, напомнить, понять, пробежать, провести, прожить, расцвести, резать, слать, снять, сохнуть, страдать, сыпать, течь, узнавать, уносить, хвалить, ходить, хотеть, цвести, чертить, шить.

Упражнение 2. Исправьте ошибки, связанные с образованием и употреблением причастных и деепричастных форм. Объясните суть этих ошибок.

1. Мама, уже вытеревшая всю посуду, с удивлением смотрела на меня. 2. Васька, больно ушибивший ногу, горько плачет. 3. Девочка, уже заплёвшая косу, с удивлением смотрит на брата. 4. А у меня всё давно уже убрато! 5. Когда мы подбежали к телеге, то увидели, что мешок порват и из него сыпалась мука. 6. Это оказался медведь, забрёвший ночью в деревню. 7. Проголодавшего медведя тянуло к жилью. 8. На столе стоял букет цветущихся астр. 9. В комнате, как в осыпающем саду, тихо и светло. 10. Шёрстка у котёнка была длинная, лоснящая. 11. Мы опоздали к началу заседания по независимым от нас причинам. 12. В центре повествования стоит образ молодого героя, страдающего от неразделимой любви. 13. Лучшие рабочие, трудящие на строительстве моста, были отмечены ценными подарками. 14. В поход мы взяли только небьющую посуду. 15. Шум, издающий водопадом, слышен издалека. 16. Передайте наилучшие пожелания матушке. Остаюсь уважаемый Вами – Артём. 17. Если мы будем работать спустив рукава, мы не выполним государственного заказа в срок и не получим новых кредитов.

Упражнение 3. кажите, какие ошибки в употреблении глаголов использовали писатели для создания комического эффекта.

1. Но он свинину ест не часто, желудок берегя, и знает, что земные яства имеют берега (Самойлов). 2. Итак, Вы опять отсрочили свой приезд, любезнейший Анненков. Боюсь только, как бы Вы, всё отсрачивая да отсрачивая – совсем к нам не пожаловали (Тургенев). 3. Хватит отсрачивать, пора подытаживать (Кнышев). 4. Чуду-юду я и так победю (Высоцкий). 5. Побежду я любую беду (Заходер). 6. Позвольте вам быть проводимой мною (Аверченко). 7. Ах, дядюшка! Но вы его поймёте и не осудите профессии недуг, тем более, что очень часто тётей в Семён Сергееча швыряется утюг (Архангельский).

Упражнение 4. Вставьте пропущенные буквы. Определите лицо, число, спряжение глаголов, выделите окончания.

Мальчик беж..т по лужам, огни блиста..т, парикмахер бре..т бороду, ветер ве..т, ветер гон..т облака, спортсмен достигн..т успехов, он дыш..т тяжело, брат кол..т дрова, обезьяна лаза..т по деревьям, мама реж..т хлеб, бельё сохн..т на солнце, учителя хвал..т за пятёрки, огонь разгора..тся, папа собира..тся на рыбалку, зрители смотр..т фильм, камыш чуть колыш..тся, море дыш..т свежестью, гром грохоч..т, уходить не хоч..тся.

Упражнение 5. Вставьте пропущенные в суффиксах причастий гласные буквы.

Хлопоч..щий, трепещ..щий, др..мл..щий, хлещ..щий, волну..щий, плещ..щийся, стел..щийся, ре..щий, се..щий, кол..щий, бор..щийся, ро..щий, люб..щий, знач..щий, готов..щийся, кле..щий, терп..щий, дыш..щий, слыш..щийся, стро..щийся, пен..щийся, движ..щийся, скач..щий, тащ..щий, независ..щий, независ..мый, волну..мый, уважа..мый, контролиру..мый, незабыва..мый, реша..мый, замеча..мый, оклеива..мый, изменя..мый, оканчива..мый, слыш..мый, вид..мый, ненавид..мый, вспах..нный, задерж..нный, прочит..нный, обстрел..нный, зате..нный, посе..нный, обвяз..нный, осып..нный, увеш..нный, подвеш..нный, занавеш..нный, выслуш..нный, высме..нный, купл..нный, допил..нный, достро..нный, насто..нный, скле..нный, просмотр..нный, взлохмач..нный, удосто..нный, пристрел..нное ружьё, стрел..ный воробей, пристрел..нный кабан, выкач..нная из бака нефть, выкач..нная из подвала бочка, замеш..нное тесто, замеш..нный в преступлении человек, замасл..нный, навеш..нное бельё, навеш..нная дверь, перевеш..нный товар, перевеш..нное из шкафа на вешалку пальто.

Упражнение 6. Вставьте, где необходимо, пропущенные в суффиксах причастий гласные буквы и н.

Вяз..ная кофта, вяз..ная сестрой кофта, связ..ная кофта, кофта связ..на; гружё..ный вагон, гружё..ный зерном вагон, выгруж..ный вагон, вагон выгруж..н; печё..ный картофель, печё..ный в золе картофель, выпеч..ный хлеб, хлеб выпеч..н; кипячё..ное молоко, вскипячё..ное молоко, некипячё..ное молоко, свежекипячё..ное молоко, кипячё..ное матерью молоко, молоко вскипяч..но; пис..ная красавица, непис..ный закон, испис..ные листы, пис..ный маслом портрет, портрет напис..н маслом; краш..ные полы, некраш..ные полы, свежекраш..ные полы, свежевыкраш..ные полы, выкраш..ные полы, краш..ные масляной краской полы, полы покраш..ны; пил..ный сахар, пил..ный на лесопилке лес, распил..ное бревно, бревно распил..но; мощё..ная дорога, немощё..ная дорога, вымощ..ная дорога, мощё..ная булыжником дорога, дорога вымощ..на булыжником; варё..ный картофель, свар..ный картофель, варё..ный в бульоне картофель, картофель свар..н, варе..ник; рва..ные штаны, порв..ные штаны, рва..ные в нескольких местах штаны, штаны порв..ы; лом..ный грош, слом..ная подкова, игрушка слом..на; плавл..ный сыр, расплавл..ный металл.

Упражнение 7. Исправьте ошибки, связанные с образованием и употреблением причастных и деепричастных форм. Объясните суть этих ошибок.

1. Мама, уже вытеревшая всю посуду, с удивлением смотрела на меня. 2. Васька, больно ушибивший ногу, горько плачет. 3. Девочка, уже заплёвшая косу, с

удивлением смотрит на брата. 4. А у меня всё давно уже убрато! 5. Когда мы подбежали к телеге, то увидели, что мешок порват и из него сыпалась мука. 6. Это оказался медведь, забрёвший ночью в деревню. 7. Проголодавшего медведя тянуло к жилью. 8. На столе стоял букет цветущихся астр. 9. В комнате, как в осыпающем саду, тихо и светло. 10. Шёрстка у котёнка была длинная, лоснящая. 11. Мы опоздали к началу заседания по независимым от нас причинам. 12. В центре повествования стоит образ молодого героя, страдающего от неразделимой любви. 13. Лучшие рабочие, трудящие на строительстве моста, были отмечены ценными подарками. 14. В поход мы взяли только небьющую посуду. 15. Шум, издающий водопадом, слышен издалека. 16. Передайте наилучшие пожелания матушке. Остаюсь уважаемый Вами – Артём. 17. Если мы будем работать спустив рукава, мы не выполним государственного заказа в срок и не получим новых кредитов. 18) Выступая на концерте, зал внимательно слушал исполнителя. 19) У воды растут, наклонясь к ней, ивы. 20) Ожидая победу, ее охватило волнение.

Упражнение 8. Замените, где возможно, глаголы-сказуемые деепричастиями. Графически объясните знаки препинания. По вопросам определите вид деепричастия.

1) Герасим шел, не торопился, не отпускал Муму с веревки. 2) Море играло маленькими волнами, рождало их, украшало бахромой пены, сталкивало друг с другом. 3) Товарищи заметили его беспокойство и ушли. 4)

Изредка порывы ветра приносили с собой сухие листья и бросали их в костер.

Упражнение 9. Найдите предложения с деепричастиями и деепричастными оборотами, подчеркните их. Расставьте знаки препинания.

1) Вернувшись в гостиницу он лег спать. 2) Своим делом он занимался спустя рукава. 3) Таня шла по улице не торопясь. 4) Петя шел засунув руки в карманы. 5) Вредно читать лежа. 6) Сережа молчал прислушиваясь к чему-то. 7) Семенов нехотя закрыл книгу. 8) Дети молча слушали сказку. 9) Ленивый сидя спит. 10) Думая о будущем не забывайте о настоящем. 11) Нина согласилась помочь мне скрепя сердце. 12) Подруги проговорили целый час не останавливаясь. 13) Наташа вышла из кабинета директора повесив нос.

Упражнение 10. Подготовить творческий текст на тему «Роль информационных технологий в профессиональной деятельности». Отредактируйте подготовленный текст в программах Word и Power Point.

Тема 23. Наречие. Лексическая тема: Текстовые редакторы.

Наречие — часть речи, которая обозначает признак действия, признак предмета и другого признака.

Наречие могут относиться к глаголу, к его особым формам - причастию и деепричастию, а также к имени существительному, имени прилагательному и другому наречию.

Наречие обозначает признак действия, если присоединяется к глаголу и деепричастию.

Наречие обозначает признак предмета, если присоединяется к имени существительному.

Наречие обозначает признак другого признака, если присоединяется к прилагательному, причастию и другому наречию.

Наречие не изменяется, т.е. не склоняется и не спрягается.

В предложении наречия чаще всего бывают обстоятельствами.

Примечание.

Некоторые наречия могут быть сказуемыми.

Наречия по значению делятся на следующие группы:

Наречия образа действия — как? каким образом? — быстро, хорошо, вдребезги

Наречия времени — когда? с каких пор? до каких пор? как долго? — сегодня, теперь, зимой

Наречия места — где? куда? откуда? — вдали, наверху, домой

Наречия причины — почему — сгоряча, сослепу, поневоле

Наречия цели — зачем? — нарочно, назло

Наречия меры и степени — сколько? во сколько? насколько? в какой степени? в какой мере? — очень, вполне, чрезвычайно

Особую группу составляют наречия, которые не называют признаки действия, а только указывают на них. Они, помимо основного назначения, используются для связи предложений в тексте.

Указательные наречия (здесь, там, тут, туда, оттуда, тогда)

Неопределенные наречия (где-то, куда- то, кое- где)

Вопросительные наречия (как, почему, где)

Отрицательные наречия (нигде, никогда, никуда, негде)

Степени сравнения наречий.

Наречия на -о (-е), образованные от качественных имен прилагательных, имеют две степени сравнения: сравнительную и превосходную.

Сравнительная степень наречий имеет две формы — простую и составную.

Простая форма сравнительной степени образуется с помощью суффиксов -ее (-ей), -е, -ше от исходной формы наречий, от которой отбрасываются конечные -о (-е), -ко.

Составная форма сравнительной степени наречий образуется путем сочетания наречий и слов более и менее.

Превосходная степень наречий имеет, как правило, составную форму, которая представляет собой сочетание двух слов — сравнительной степени наречия и местоимения всех (всего).

Практические упражнения для закрепления предмета

Упражнение 1.Вставьте пропущенные буквы и объясните их правописание.

Шагнуть влев..., справ... обгоняет грузовик, уйти засветл..., задолг... до приказа, добраться затемн..., вытереть досух..., изредк... интересоваться, начать занов..., засидеться допоздн..., вылизать дочист..., наскор... перекусить, надолг... запомнить.

Упражнение 2. Спишите, вставляя пропущенные буквы. Объясните правописание суффиксов -о, -а в наречиях.

1. Окна вагона часто были наглух... залеплены снегом (Гайд.). 2. На выходе из села открылись направ... и налев... чудесные виды (Сол.). 3. Мать тотчас же отняла у них Гека, потому что испугалась, как бы сгоряч... его не стукнули о деревянный потолок (Гайд.). 4. И справ..., и слев... низина клубилась туманом (Наг.). 5. Такой привилегией он пользовался издавн..., вероятно, как больничный старожил (Ч.). 6. У Кати для раздумья времени было досыт... (А. Т.). 7. Медведь взревел и замертв... упал (Крыл.). 8. Я занов... переписал рассказ (Пауст.). 9. Изредк... с пустынной станции доносились гудки единственного маневрового паровоза (Пауст.). 10. Шацкий сначал... дичился меня, потом привык и начал разговаривать (Пауст.).

Упражнение 3. Допишите наречия.

Запрост..., досыт..., начист..., набел..., затемн..., насух..., искос..., надолг..., дотемн..., намертв..., изредк..., воедин..., сызнов..., добел..., докрасн..., сдур..., сгоряч..., направ..., слев... Степь выжидающ... молчала. В палисаднике стало свеж... и пахуч.... Горяч... билось сердце. Докладчик говорил слишком общ.... Угрожающ... надвигалась огромная лохматая туча. Ослепляющ... сияло солнце. Учиться блестящ.... Войскам становится невмоч.... Двери открыты настеж.... Он ушел проч.... Уснули далеко за полноч....

Упражнение 4. В соответствии с правилом написания наречий, оканчивающихся на шипящую, запишите следующие словосочетания.

Удалиться проч..., ударить наотмаш..., выйти замуж..., отворить окно настеж..., пуститься вскач..., ждать невтерпеж..., сплош... зарасти сорняками, упасть навзнич...

Упражнение 5. Перепишите, вставляя, где необходимо, пропущенные буквы.

1. Настеж... ворота тяжелые (Бл.). 2. Уж... сколько раз твердили миру, что лесть гнусна, вредна, да только все не впрок (Крыл.). 3. Ты напроч... уходишь, чужая (Нар.). 4. Под гору вскач..., а как на гору - хоть плачь (Посл.). 5. Офицер ударил Остапа наотмаш... хлыстом поперек лица (Пауст.). 6. До горизонта, до самого края, сизая, серо-зеленая, сплош... ходит, крутыми валами играя, июньская

рожь (В. Бок.). 7. Какой-то зверь одним прыжком из чащи выскочил и лег, играя, навзнич... на песок (Л.). 8. Мы шли дорогой, сплош... покрытой бурыми прошлогодними листьями (Купр.). 9. Как ни часто приходилось молодице невтерпеж..., под косой трава валилась, под серпом горела рожь (Н.).

Упражнение 6. Выберите правильный вариант написания наречия.

1) Все равно (не-ни)куда спешить. 2) Он (не-ни)сколько не был похож на мать. 3) (Не-ни)откуда было ждать помощи. 4) Вам (не-ни)зачем рисковать. 5) В молодости ему было все (не-ни)почем. 6) Друзья (не-ни)мало не сомневались в успехе.

Упражнение 7. Спишите, вставляя пропущенные буквы и раскрывая скобки.

1. Братья (н...)сколько не сомневались, что отец не будет шутить и сдержит свое слово (М.-С.). 2. Думать было (н...)когда, уходить (н...)куда (Б. П.). 3. Он (н...)где не мог найти работы (Пауст.). 4. До этого случая Шамет слышал много солдатского вранья, но сам (н...)когда не врал (Пауст.). 5. Только казакам (н...)(от)куда взяться (Сер.). 6. (Н.-.)сколько раз я замечал сверху, из сада, Анфису на берегу Быстрой Сосны (Пауст.). 7. Местность кругом была ровная, прятаться было (н...)где (Б. П.). 8. В

Головлеве он (н...)(от)куда не встречал не только прямого отпора, но и даже малейшего косвенного ограничения (С.-Щ.). 9. Честно говоря, детские и юношеские годы (н...)когда не обходятся без экзотики (Пауст.). 10. Где (н...)когда все было пусто, голо, теперь младая роща разрослась (Н.).

Упражнение 8.Спишите, раскрывая скобки и вставляя пропущенные буквы. Укажите, к какой части речи относятся выделенные слова.

Им всегда (н...)когда, (н...)куда пойти, (н...)зачем беспокоиться, (н...)куда не выходить, (н...)где остановиться, (н...)где не задерживаться, (н...)как не мог прийти, (н...)сколько не обидеться, (н...)о чем не спорить, (н...)чуть не огорчиться, (н...) (от)куда ждать помощи, (н...)(от)куда не ждать вестей, (н...)чему не радоваться.

Упражнение 9. Раскройте скобки, используя одну из частиц.

1. По окончании школы сын объявил родителям, что (ни, не)куда из деревни не уедет и уезжать ему (ни, не)куда и (не, ни)зачем.2. (Ни, не)откуда не доносилось ни звука. 3. Здесь (ни, не)когда жил старый граф. 4. Путникам (ни, не) где было переночевать. 5. Он (ни, не) откуда не мог получить помощи. 6. Мальчик с полдороги вернулся домой, хотя ему (ни, не)зачем было возвращаться. 7.

Волк, евши, (ни, не)когда костей не разбирает. 8. Вот этого я (ни, не)как не понимаю. 9. Отступать (ни, не)куда. 10. Там (ни, не)когда гулял и я (П.). 11. Все было тихо, огней (ни, не)где не было видно.

Упражнение 10.Спишите предложения, раскрыв скобки.

1. Недоразумения часто бывают (от)того, что люди не понимают друг друга. 2. Он умеет находить смешные стороны в людях и любит (по)этому поводу острить. 3. Местоимения с предлогами и местоименные наречия созвучны по произношению, (по)этому очень важно их различать. 4. Туристы решили остановиться на ночлег (за)тем лесом. 5. (От)того леса до ближайшей деревни километров двадцать. 6. Сначала мы разобьем палатки, приготовим дрова, а(за)тем на костре будем готовить ужин. 7. (По)чему ты готовишься к экзамену: по учебнику или по конспекту? 8. (От)чего ты мало читаешь? 9. (От)чего бы ты скорее отказался: от туристического похода или от отдыха на берегу моря? 10. (По)чему ты так решил? 11. И (за)чем было судьбе кинуть меня в мирный круг честных контрабандистов? (Л.). 12. Скажика мне, красавица, (от)чего я видел тебя сегодня на кровле? (Л.). 13. Вдруг едва приметная улыбка пробежала по тонким губам его, и, не знаю (от)чего, она произвела на меня самое неприятное впечатление (Л.).

Упражнение 11.Перепишите и раскройте скобки.

(В)дали виден лес — (в)дали голубой скрылся пароход; (в)высь поднимается дым — (в)высь небесную взлетел голубь; (в)век не забыть мне друга — (в)век электроники; (в)накидку носит пальто — (в)накидку из парчи одета; (во)время прийти — (во)время летнего отпуска; (к)верху поднять голову — (к)верху палатки прикрепить флажок; (на)лицо были ошибки — (на)лицо упала прядь волос; (на)завтра будет веселье — (на)завтра перенести совещание; (на)верх подняться — (на)верх горы взобраться.

Упражнение 12.Перепишите, раскрывая скобки.

В тайге темнеет быстро. И несмотря на то, что мы это знали, все-таки темнота застала нас (в)расплох. Раздвигая тяжелые колючие ветви и нащупывая ногой следующую кочку, мы (мало)помалу продвигались (в)перед. Было совершенно темно, но, как ни странно, от прожорливых комаров и мошек спасения не было так же, как и днем.

Целый день мы шли (в)низ по течению реки, но река исчезла в темноте, где(то) (с)лева, и нам приходилось идти (на)угад. К счастью, до ближайшей охотничьей избушки оставалось, (по)видимому, недалеко. И действительно, когда мы (по)одиночке перешли по узкой жердочке, брошенной через топкий лесной ручей, и поднялись в гору, мы оказались перед избушкой. Не теряя ни минуты и в душе радуясь, что расчет наш оправдался и мы (в)пору добрались до места, мы без устали рубили хвою, пилили ножовкой небольшие ветки и клали их (крест)накрест. Товарищ мой уже не смотрит (ис)подлобья и даже начинает читать стихи, которые учил когда(то) (на)память.

Упражнение 13. Выделенные слова и словосочетания замените наречиями с приставкой по-. Составьте с некоторыми из них предложения.

Образец: жить как прежде - жить по-прежнему.

Сделать иначе; разделить на всех одинаково; поступить со знанием дела; простить как друга; светить как летом; вести хозяйство как крестьянин; дружить искренне; говорить на немецком языке; занятие, видимо, не состоится; поступить как товарищ; одеваться на французский манер.

Упражнение 14.Перепишите, раскрывая скобки. Объясните правописание наречий.

1. Зной был нестерпим (по) прежнему (Т.). 2. Все замерли в ожидании, что (вот) вот выскочит заяц (Пришв.). 3. [Плыла] очень пестро (по) египетски

раскрашенная нильская барка (Леск.). 4. Однако ж мы как (то) понимали друг друга (Ланч.). 5. Зеленоватая волна скользила мимо, (чуть) чуть вспухая и урча (Т.). 6. У Якова других родных не было, мать его (данным) давно умерла (Т.). 7. Он обладал чудовищной силой, с ножом ходил на медведя (один) (на) один (Гил.). 8. В лесу этом всякого зверя (видимо) (не) видимо (Пришв.). 9. Завязав лапти (крест) (на) крест, он поднес сургуч к огню (Фед.). 10. Эти слова я (перво) (на) перво разучу (Ш.). 11. Там, говорят, (тьма) тьмущая людей и машин (Закр.). 12. (Только) только я взялся за ручку двери, раздался выстрел (Пришв.). 13. По ясному небу (едва) едва неслись высокие и редкие облака (Т.). 14. Бабы взялись за оглобли, мужики принажали сзади, и так (мало) (по) малу поставили воз на дорогу (Пришв.). 15. В это время в лесу (только) только начинается красивая борьба за свет (Пришв.). 16. Когда в комнате (мало) мальски согрелось, я записал свои наблюдения зимы (Пришв.). 17. Вот и певчий дрозд - поет как хорошо, но поет (один) одинешенек (Пришв).

Упражнение 15. Что делает текстовый редактор? Попробуйте отредактировать нужный текст в текстовом редакторе?

Тема 24. Служебные части речи. Предлог. Союзы. Частицы. Междометия. Лексическая тема: Форматирование.

К служебным частям речи относятся предлоги, союзы, частицы.

ПРЕДЛОГИ

Предлог — часть речи, выражающая связь между двумя самостоятельными словами. Часто в качестве одного из этих слов выступает глагол, а в качестве другого — существительное, например: идти в школу, залез на дерево. Предлоги делятся на производные (те, что образованы от каких-то других частей речи, например, благодаря, несмотря на, вокруг) и непроизводные (у, для, в, без). Также предлоги делятся на простые (состоящие из одного слова, например, согласно, около) и составные (состоящие из двух и более слов, например, по причине, в соответствии с).

СОЮЗЫ

Союз — это служебная часть речи, которая служит для связи частей предложения или однородных членов предложения.

По структуре союзы делятся на:простые (и, или),

составные (так как, потому что — то есть союзы, состоящие из более чем одного графического слова, которые в предложении будут всегда соседствовать друг с другом), повторяющиеся (и… и, или… или — это союзы, состоящие из ряда однотипных членов, разнесенных по предложению: «и тот и другой», «Это сделает или Маша, или Вася, или Петя»), и парные — союзы, состоящие из двух разных элементов, разнесенных по предложению (как… так и, если… то: Как я, так и остальные были в этом заинтересованы, Если это случится, я огорчусь).

По значению союзы делятся на сочинительные и подчинительные. Сочинительные союзы соединяют равноправные члены предложения или равноправные предложения. Среди них можно выделить:соединительные союзы (и, тоже, не только… но и, как… так и);разделительные союзы (или, либо, или… или);противительные союзы (а, но, однако же);градационные союзы (не только… но и);пояснительные союзы (то есть, а именно).

Подчинительные союзы присоединяют часть предложения, к которой можно задать приблизительно такой же вопрос, как к тому или иному второстепенному члену предложения, например: «Я пришел (почему?), потому что меня попросили».

Подчинительные союзы делятся на следующие группы:

Причинные: потому что; оттого что; так как; в виду того что; благодаря тому что; вследствие того что; в связи с тем что и др.;

Целевые: чтобы (чтоб); для того чтобы; с тем чтобы и др.;

Временные: когда; лишь; лишь только; пока; едва и др.;

Условные: если; если бы; раз; ли; как скоро и др.;

Сравнительные: как; будто; словно; как будто; точно и др.;

Изъяснительные: что; чтобы; как и др.;

Уступительные: несмотря на то что; хотя; как ни и др.

Следственные: так что.

ЧАСТИЦЫ

Частица — это служебная часть речи, которая вносит в предложение какой-либо дополнительный оттенок, смысловой или эмоциональный; также частицы служат для образования форм слова.

Практические упражнения для закрепления предмета

Упражнение 1.Спишите, раскрывая скобки, вставляя пропущенные буквы. Подчеркните предлоги.

(В)виду (не)погоды занятия перенесли в спортзал, (в)течени.. месяца, (в)продолжени.. речи, (на)счёт меня не беспокойся, (в)продолжени.. романа, иметь (в)виду варианты развития событий, (в)следстви.. болезни, (в) завершени.. работы состоялось собрание; (в)следстви.. по делу, (в)течени.. болезни наметились улучшения; (в)отличи.. от Онегина, (в)заключени.. врача, (во)избежани.. пожара, (в)отношени.. доклада; все дело (в)отличи.. между героями, (в)роде птицы, (в)место веселья, (на)встречу волнам, (в)силу обстоятельств, (не)смотря на поздний час; параш..тист прыгнул, (не)смотря (в)низ.

Упражнение 2.Перепишите, раскрывая скобки и вставляя пропущенные буквы. Объясните правописание предлогов.

(По)мере надобности, из(под) дивана, выйти (в)след за посетителем, (в)следстви.. сильного снегопада, делать (на)перекор желанию, (по)прибыти.. на место, узнать (на)счёт подписки, перевести деньги (на)счёт фирмы, (в)виду приближения осени, (в)связи с собранием, (в)продолжени.. романа известного автора, (в)продолжени.. утра; рассудку (во)преки, (на)перекор стихиям; шёл, (не)смотря по сторонам; из(за) ненастья, (не)смотря на обстоятельства, (в)место благодарности, (в)течени.. пяти лет, (в)течени.. бурной реки, (в)виду (не)достатка времени, узнать (в)последстви.., (не)что (в)роде шара, отсутствовать на занятиях (в)течени.. недели, наблюдать изменения (в)течени.. реки, отсутствовать (в)продолжени.. месяца, читать о судьбе героя (в)продолжени.. романа, (в)связи с изменением расписания, письма (в)роде дневника, (в)соответстви.. с государственным образцовым стандартом, (не)взирая на преграды.

Упражнение 3. Перепишите текст, расставляя знаки препинания и вставляя пропущенные буквы. Подчеркните все предлоги.

(Не)смотря (на)конец сентября было (по)летнему жарко. Чай накрыли в гости..ой выходивш..й ра..пахнутыми настеж.. окнами в ещё (не)убра..ый от опавших листьев сад.

В помещени.. (в)доль стен стояла полирова..ая стари..ая мебель обитая б..рдовым плюшем. Благодаря аж..рным накидкам и (бело)снежной домотка..ой скатерти ра..шитой пр..чудливым орнам..нтом комната выгляд..ла (по)праздн.чному торжестве..ой. Золочё..ая и посеребрё..ая посуда была начище..а (до)блеска а (по)середине стола возвышался отр..жая солнечные лучи кувшин (в)виде цветка. (Во)круг него были ра..тавле..ы (не)высокие но изящные б..калы из гранё..ого хрусталя.

(В)течени.. часа разговор (не)смолкал. Говорили (в)основном (на)счёт поездк.. которая (во)преки оп..сениям законч..лась благополучно. (В)заключени.. чаепития кто(то) из присутствующих развеселившись предл..жил осмотреть живописное озеро разливш..еся (в)следствие (не)давно прошедших дождей.

Упражнение 4.Найдите лишнее в каждом ряду. Объясните выбор.

И, А, НО, ИЛИ, ТОЖЕ, ПОТОМУ ЧТО, ЛИБО;

КОГДА, ЕСЛИ, ЧТО, И, ПОКА, ТАК КАК;

ИЛИ,ЧТОБЫ, НАСЧЁТ, ЧТО, ДАБЫ;

ВСЛЕДСТВИЕ, В ТЕЧЕНИЕ, ВВИДУ, ПОТОМУ ЧТО, В ОТЛИЧИЕ.

Упражнение 5.Перепишите предложения, расставляя знаки препинания. Подчеркните союзы и укажите их разряд. Объясните правописание слов с орфограммами.

1. Один только месяц всё так(же) бл..стательно и чудно плыл в (не)объятных пустынях роскошного украинского неба и так(же) прекрасна была земля в дивном серебря..ом блеске (Гоголь).

2. На то вам и красное лето дано что(б) вечно любить это скудное поле что(б) вечно вам милым казалось оно (Некрасов).

3. Что(бы) он (н..)говорил что(бы) (н..)предлагал его слушали так (как)буд(то) то что он предлагал давно известно (Лев Толстой).

4. Снегу было мало снежных буранов то(же) (Арсеньев).

5. Разные цветы точно (по)времени раскрывают..ся в разные часы утра и точно так(же) закрывают..ся к вечеру (Паустовский).

6. Бранил Гомера Феокрита за(то) читал Адама Смита и был глубокий эконом (то)есть умел судить (о)том как государство богатеет и чем живёт и (по)чему (не)нужно золота ему когда простой продукт имеет. (Пушкин)

7. Не за(то) волка бьют что сер а за(то) что овцу съел (Пословица)

Упражнение 6. Перепишите текст, вставляя пропущенные буквы и расставляя знаки препинания. Числительные запишите словами. Из предложений 1-10 выпишите в таблицу все производные предлоги, союзы, частицы.

1. Пожалуй многие из нас знают Льва Николаевича Толстого (не) только как великого русского писателя но и как выдающегося мыслителя замечательного труже..ика который стремился построить свою жизнь так как ему подсказывала его совесть и его гу..анистические взгляды на мир.

2. (Не)смотря на то что Толстой очень любил Ясную Поляну н.. писатель н.. его семья н.. отказывали себе в удовольствии (в)течени.. зимних месяцев пожить в Москве.

3. (В)виду каких же причин (в)силу каких обстоятельств Лев Николаевич стремился жить в столиц..?

4. Отнюдь (не)(за)тем что(бы) создать себе комфорт (по)тому(что) и в город.. писатель не отказывался от умстве..ого да и от физического труда.

5. Дом Толстых (в)отличи.. от домов других знаменитых людей находился вовсе не в центре а в рабочем районе так что Лев Николаевич вставал утром (по)фабричному гудку.

6. Хотя Толстой был уже в пр..клонном возрасте он много работал и (не)смотря на почте..ые годы зан..мался гимнастикой.

7. (На)перекор возрасту и социальному положению он сам уб..рал свои комнаты а потом брал топор и шёл в сарай колоть дрова.

8. Эта работа была (не)лёгкой (за)то полезной ибо Толстой знал: либо он сам одолеет старость либо старость одолеет его.

Упражнение 7. Перепишите предложения, расставляя знаки препинания и раскрывая скобки. Подчеркните частицы, укажите их разряд.

1. (Н..)страны (н..)погоста (н..)хочу выб..рать. (И.А. Бродский)

2. И мне до тебя где(бы) ты (н..)была дотронут..ся сердцем (н..)трудно. (Р.И. Рождественский)

3. (Н..)одна дорожка (н..)была очище..а от снега и (н..)один день прохожим приходилось в буквальном смысле прод..раться сквозь сугробы.

4. (Н..)сладость розовых лучей предтечи утре..его Феба (н..)кроткий блеск лазури неба (н..)запах веющий с полей (н..)быстрый лёт коня ретива — (н..)что души (н..)веселит. (К.Н. Батюшков)

5. Куда б (н..)шёл (н..)ехал ты а здесь остановись (А.Т. Твардовский).

6. Что(бы) (н..) читал Багрицкий его нельзя было слушать без сжимающего горло волнения   (К.Г. Паустовский).

7. Сергей Тюленин родился когда (н..)(за)чем было идти в подполье; он (н..)откуда (н..)бежал и бежать ему было (н..)куда. (А.А. Фадеев)

8. (Н..)уже(ли) (н..)ясно что (в)середине нашего века (н..)один ученый (н..)одна экспедиция посетившая Горный Алтай (н..)кто (н..)мог(бы) обойти доктора географических наук Вершинина что(бы) (н..)навлечь на себя упреков в (н..)достаточном изучении литературы об этом крае. (По С.П. Залыгину)

9. Ребята! Н.. Москва ль за нами? (М.Ю. Лермонтов)

10. (Н..)уже-(ли) ты (н..)пони-ма-ешь что твои

наме-ре-ния откры-ты? Разве (н..)видишь что твой заговор известен всем присутствующим? О вре-ме-на! О нра-вы! (Цицерон)

Упражнение 8. Перепишите предложения, раскрывая скобки и расставляя знаки препинания. Подчеркните и укажите все служебные части речи.

1. Его упрашивали (в)продолжени.. недели. Мать конечно плакала (Набоков). 2. (В)след (за)тем странное равнодушие охватило его (Бианки). 3. Заботливая хозяйка жена Ларивона (по)многу раз в день меняла ему горячие припарки прикладывала к ноге какие-то капли... (Бианки). 4. (В)продолжени.. романа можно будет узнать о дальнейшей судьбе героини. 5. Я не обольщаюсь (на)счёт качества этих переводов (Набоков). 6. Охотники ели редко и (по)многу. 7. И мысли охотника унеслись (в)глубь времён (Бианки). 8. Опасения Ивана Николаевича полностью оправдались прохожие обращали на него внимание и оборачивались. (В)следстви.. этого он принял решение покинуть большие улицы и пробираться переулочками... (Булгаков). 9. (На)счёт в банке было переведено четыреста миллионов рублей. 10. Казарка с ужасом замечала что (не)смотря на все её усилия сокол становится всё лучше виден (Бианки). 11. (По)(над) Доном сад цветёт (во)саду дорожка. 12. Речь эта как (в)последстви.. узнали шла об Иисусе Христе (Булгаков). 13. (От)чего(же) на этой странице я когда(то) загнул уголок? (Ахматова) 14. (За)чем пойдёшь то и найдёшь (Пословица). 15. Звуки

мало(по)малу слабеют (по)немногу замирают а скоро их (со)всем уже не слышно. 16. Но (в)место того встретивши Галку Иван Иванович начал бранить (за)чем она шатается без дела. (Гоголь).

Упражнение 9. Какие операции выполняются при форматировании? Объясните по существу на примерах?

Тема 25. Синтаксис. Словосочетание. Простое и сложное предложение. Лексическая тема: Форматирование.

Синтаксис – раздел науки о языке, в котором изучается строение и значение словосочетаний и предложений.

Основные единицы синтаксиса – словосочетание и предложение.

Предложение выполняет коммуникативную функцию, т. е. служит для сообщения, вопроса или побуждения, иными словами, для общения.

В отличие от предложения словосочетание служит для конкретизации названий предметов, действий, признаков. Например: белая береза, молодая береза, зеленая береза и т. д. Группа тесно связанных по смыслу и грамматически предложений образует сложное синтаксическое целое.

Таким образом, в синтаксисе изучаются словосочетания, предложения (простые и сложные) и сложное синтаксическое целое.

Синтаксис словосочетания устанавливает правила сочетаемости слов. Эти правила определяются грамматическими признаками слова как той или иной части речи. Например, словосочетания типа ранняя весна возможны потому, что существительное как часть речь способно присоединять прилагательное, подчиняя его себе, а прилагательное как согласуемая часть речи может принимать форму, диктуемую именем существительным (род, число, падеж). Такой вид связи называется согласованием. Словосочетания типа читать книгу, разговаривать с другом опираются на грамматические свойства глагола как части речи, способной подчинять себе имена существительные. Этот вид связи называется управление.

В некоторых случаях связь в словосочетаниях определяется смыслом и порядком слов. Такой вид связи называется примыканием. Виды синтаксической связи в предложении шире, разнообразнее, чем в словосочетании. Различают простые и сложные предложения. В простом предложении один грамматический центр, одна грамматическая основа, в сложном – не менее двух. Синтаксис изучает также способы связи частей сложного предложения: сочинительную и подчинительную, интонацию как средство связи частей сложного предложения.

Предложение — это основная синтаксическая единица, содержащая сообщение о чем-либо, вопрос или побуждение.

В отличие от словосочетаний предложение имеет грамматическую основу, состоящую из главных членов предложения (подлежащего и сказуемого) или одного из них.

Предложение выполняет коммуникативную функцию и характеризуется интонационной и смысловой законченностью. В предложении, помимо подчинительных связей (согласование, управление, примыкание), может быть сочинительная связь (между однородными членами) и предикативная (между подлежащим и сказуемым).

По количеству грамматических основ предложения делятся на простые и сложные. Простое предложение имеет одну грамматическую основу, сложное состоит из двух или нескольких простых предложений (предикативных частей).

Простое предложение представляет собой слово или сочетание слов, характеризующееся смысловой и интонационной законченностью и наличием одной грамматической основы.

Классификация простых предложений в современном русском языке может осуществляться по разным основаниям.

В зависимости от цели высказывания предложения делятся на повествовательные, вопросительные и побудительные.

Практические упражнения для закрепления предмета

Упражнение 1. *выделите из предложений словосочетания типа «глагол + существительное»:*

1). Дом стоял посреди огромного парка. **2).** Парк окружали огромные каналы. **3).** Над каналами висели черные железные мосты. **4).** Мосты охраняла стража. **5).** Ваня не шел, а бежал по дороге.

Ключ:

(1) Стоял посреди парка; **(2)** парк окружали; **(3)** над каналами висели; **(4)** мосты охраняла; **(5)** бежал по дороге.

Упражнение 2. (диктовка учителя): *прослушайте словосочетания и запишите только его схему (частеречная принадлежность слов, главное и зависимое слово, вопрос от главного слова к зависимому).*

1) Помогать старушке, **2)** крылечко избы, **3)** красивая брошь, **4)** смотреть ласково, **5)** отплыть от причала, **6)** учебник сестры, **7)** чудное мгновение, **8)** сшить аккуратно.

Ключ:

1) Помогать старушке (гл. + сущ.), **2)** крылечко избы (сущ. + сущ.), **3)** красивая брошь (прил. + сущ.), **4)** смотреть ласково (гл. + нар.), **5)** отплыть от причала (гл. + сущ. с предлогом), **6)** учебник сестры (сущ. + сущ.), **7)** чудное мгновение (прил. + сущ.), **8)** сшить аккуратно (гл. + нар).

Упражнение 3. *выделить в предложении грамматическую основу, выписать словосочетания и составить их схему:*

Бурый медведь с удовольствием рвал ягоды и совсем не смотрел на нас.

Ключ:

1) Бурый медведь (прил. + сущ.), **2)** рвал с удовольствием (гл. + сущ. с предлогом), **3)** рвал ягоды (гл. + сущ.), **4)** не смотрел совсем (гл. + нар.), **5)** не смотрел на нас (гл. + мест. с предлогом).

Упражнение 4. *из данных сочетаний слов выпишите только словосочетания, укажите вопрос, на который отвечает зависимое слово:*

(1) Прекрасное утро, **(2)** города и села, **(3)** папа работает, **(4)** подбежать к дому, **(5)** после занятий, **(6)** любимый сад, **(7)** выбрать профессию, **(8)** аккуратно и красиво, **(9)** хорошо учиться, **(10)** стакан сока, **(11)** урок кончился, **(12)** благодаря поддержке, **(13)** распорядок дня, **(14)** явилось солнце, **(15)** в сонной тишине, **(16)** скрылось за рекою, **(17)** лес шумит, **(18)** укрыться от мороза.

Ключ:

(1) Прекрасное утро, **(4)** подбежать к дому, **(6)** любимый сад, **(7)** выбрать профессию, **(9)** хорошо учиться, **(10)** стакан сока, **(13)** распорядок дня, **(15)** в сонной тишине, **(16)** скрылось за рекою, **(18)** укрыться от мороза.

Упражнение 5. *из данных слов составьте словосочетания, употребляя нужные предлоги:*

(1) Бежать, дорога; **(2)** забыть, рассеянность; **(3)** возвратиться, театр; **(4)** скучать, друг; **(5)** приехать, отпуск; **(6)** прибыть, Урал; **(7)** схватить, рука; **(8)** убежать, преследователь.

Упражнение 6. *составьте и запишите ряды словосочетаний, доказывая многозначность выделенных слов:*

Образец: **лист** железа – лист березы, лист бумаги.

(1) Варить сталь, **(2) крыло** самолета, **(3) кисть** винограда, **(4) накопить** опыт, **(5) иглы** сосны, **(6) нос** лодки, **(7) хвост** поезда, **(8)** птичья **клетка**, **(9) звезда** экрана, **(10) ручка** ребенка.

Ключ:

(1) Варить сталь: варить обед.

(2) крыло самолета: крыло курицы.

(3) кисть винограда: кисть руки, малярная кисть.

(4) накопить опыт: накопить денег.

(5) иглы сосны: швейные иглы, иглы ежа.

(6) нос лодки: нос человека.

(7) хвост поезда: хвост лисы, нахватать «хвостов» (двоек).

(8) птичья **клетка**: тетрадь в клетку, грудная клетка.

(9) звезда экрана: небесная звезда.

(10) ручка ребенка: шариковая ручка, ручка двери.

Тема 26. Члены предложения. Главные члены предложения. Лексическая тема: Как устроен компьютер.

Когда слова объединяются в предложение, каждое из них становится одним из членов предложения. У каждого члена предложения своё назначение.

В предложении всегда есть главные члены. Они составляют основу предложения. В ней заключается главный смысл предложения.

Подлежащее – главный член предложения, который обозначает, о ком или о чём говорится в предложении. Подлежащее отвечает на вопрос кто? или что?

Подлежащее в предложении подчеркивается одной чертой.

Сказуемое – главный член предложения, который обозначает, что говорится о подлежащем. Сказуемое отвечает на вопросы что делает? что делают? что делал?

что сделал? что сделает? что сделают?

Сказуемое в предложении подчеркивается двумя чертами.

Подлежащее и сказуемое – это главные члены предложения. Они составляют грамматическую основу предложения.

Слова, которые не составляют грамматическую основу предложения, являются второстепенными членами. Второстепенные члены поясняют главные члены предложения, уточняют их.

Предложения могут быть распространёнными и нераспространёнными.

Нераспространённое предложение состоит только из главных членов.

Распространённое предложение состоит из главных и второстепенных членов.

Тезаурус: Предложение; члены предложения; распространённые и нераспространённые предложения; главные и второстепенные члены предложения; подлежащее и сказуемое.

Практические упражнения для закрепления предмета

Упражнение 1. Спишите текст. Подчеркните

грамматическую основу предложений.

Укажите сокращенно, какой частью речи выражено подлежащие и сказуемые.

1. Снов.. что-то зашумело в лесу (И. Тургенев). 2 . Все вокруг бл..стело сильным двойным блеском: блеском молодых утре(н, нн)их лучей и вчерашн..го ливня (И. Тургенев). 3 . Е сть одна птица, которая совсем не боит(?)ся людей. Это щур (Д. Зуев). 4. Ч ..совые контрольного пункта козырнули генералу (А. Первенцев). 5. Волк осторожен и хитер. Это спасает хищников от пог..ловного истребления (Д. Зуев). 6. Пятеро заходят выше пояса в воду (В. Шишков). 7. Прохожие, шагая против холодного, мокрого ветра, ..гибались в три погибели и пр..держ..вали руками мокрые воротники (В. Бианки). 8. Ч то-то у Володи произошло с адм..нистрацией (А. Чаковский).

Упражение 2.Выпишите сначала двусоставные, а затем односоставные предложения, подчёркивая грамматическую основу.

1. Отпусти меня в степи приволжские на житье на вольное, на казацкое (М. Лермонтов). 2 . К ночи подмораживало (А. Н. Толстой). 3 . Сквозь щели беседки проб..валось закатное солнце (М. Анчаров). 4. Помню деревенское ясное утро (И. Соколов-Микитов). 5. Бульвар длинный и седой (Ю. Яковлев). 6. Н аправо речка в..лась с..неват..й тенью между белых пустынных полей (А. Н. Толстой). 7. Пахло землей и морозцем (А. Н. Толстой). 8. М не хотелось к моему письменному столу

(Г. Бакланов).

Упражение 3.Спишите текст. Подчеркните грамматическую основу предложений.

Удивительно и невыразимо чувство Р одины… Какую светлую радость и какую сладчайшую тоску дарит оно, навещая нас то ли в часы разлуки, то ли в счастливый час проникновенности и отзвука! И человек, который в обычной жизни слышит мало и видит недалеко, волшебным образом получает в этот час предельные слух и зрение, позволяющие ему опускаться в самые заповедные дали, в глухие глубины истории родной земли. И не стоять человеку твердо, не жить ему уверенно без этого чувства, без близости к деяниям и судьбам предков. Былинный источник силы от матери — родной земли представляется ныне не для избранных, не для богатырей только, но для всех нас источником исключительно важным и целебным. И посещая чужие земли, как бы ни восхищались мы их рукотворной красотой, какое бы изумление ни вызывала в нас их устроенность и памятливость, душой мы постоянно на Родине.

(По В. Распутину)

Укажите, какие предложения использованы в тексте, выделить их грамматическую основу.

Упражение 4.Дайте общую характеристику простых предложений (в том числе и в составе сложных); выделите в каждом грамматическую основу.

Из шатра, толпой любимцев окруженный,

Выходит Петр. Идет. Ему коня подводят.

Ретив и смирен верный конь.

Почуя роковой огонь, дрожит, глазами

Косо водит и мчится в прахе боевом,

Гордясь могучим седоком.

(А.С.Пушкин)

Что, дремучий лес, призадумался, -

Грустью темною затуманился?

(Н.А.Некрасов)

Вокруг беспредельная сушь, а на небе ни облачка.

И скучно, и грустно, и некому руку подать.

(М.Ю.Лермонтов)

Упражнение 5.Дайте общую характеристику простых предложений. Разберите их по членам предложения.

1. Книга - это духовное завещание одного поколения другому, совет умирающего старца юноше, начинающему жить, приказ, передаваемый часовым, отправляющимся на отдых, часовому, заступающему на его место. (Герц.) 2. Только наука и демократия, знание и труд, вступив в свободный, основанный на взаимном понимании союз, осеннные общим красным знаменем, символом мира всего человечества, все его превозмогут, все пересоздадут на благо человечества. (Тимир.) 3. Дремота смешала в памяти генерала Крымова севастопольские и одесские бои, крик штурмующей румынской пехоты, мощенные камнем, поросшие плющом одесские дворы и матросскую красоту Севастополя. (Грос.) 4. И новые заводы, и города, одетые в сады, и колхозные поля – все говорит о вдохновенном мирном труде, о бесконечно могучем творчестве масс, смело ставящих маяки новой культуры. (Из газеты) 5. На болоте, заросшем осокой и чахлыми березками и сосенками, краснела в обе щеки спелая, твердая, как камешки, клюква. (СМ.) 6. Одевшись, Степан Аркадьевич прыснул на себя духами, выправил рукава рубашки, привычным движением рассовал по карманам папиросы, бумажник, спички, часы с двойной цепочкой и брелоками и, встряхнув платок, чувствуя себя чистым, душистым, здоровым и физически веселым, несмотря на свое несчастье, вышел в столовую. (Л.Т.) 7. Аквамарин считается по своему имени камнем, передающим цвет морской волны. (Пауст.) 8. Со всеми остальными в доме он был на короткой ноге. (Т.) 9. Алексей не мог броситься на помощь другу, соблюдая правила воздушной атаки. (Пол.) 10. Рабочий класс, воспитывая и

выдвигая из своей среды мастеров культуры, обязан особенно строго и тщательно отбирать из них людей, способных к деятельности педагогической. (М.Г.)

Упражнение 6. Как работает компьютер? Показать действиями? Объясните систему офисного программного обеспечения на компьютере?

Тест по теме «Члены предложения»

1. Найди и отметь простые предложения.

1) Эти каменные деревья стояли молча, неподвижно днем и еще плотнее сдвигались по вечерам.

2) Блестела трава в брильянтах дождя, и золотом сверкала река.

3) Искорки горящего сердца Данко вспыхивали где-то далеко и казались воздушными цветами, расцветая только на миг.

2. Найди и отметь простые предложения.

1) Сквозь серый камень вода сочилась, и было душно в ущелье темном.

2) А лес все гудел и гудел, вторя их крикам, и молнии разрывали тьму в клочья.

3) Полный диск луны, раньше кроваво-красный, бледнел, удаляясь от земли, и все обильнее лил на степь голубоватую мглу.

3. Найди и отметь нераспространенные предложения.

1) Сильно морозит

2) Наступила ночь.

3) Темная ночь.

4) Мороз и солнце!

4. Отметь предложения, в которых подлежащее выражено словосочетанием.

1) Он с другом пришел к нам поздним вечером.

2) Некоторые из выступающих обращались непосредственно к президиуму.

3) Отдыхающие выразили признательность руководству профилактория.

4) Учитель с учеником изучали новое расписание.

5) Над нами светилась Большая Медведица.

5. Найдите предложенияе, в котором определением является глагол в неопределенной форме.

1) В его голосе с неукротимой силой звучало желание работать и не быть никому в тягость.

2) Вообще, изучать краски и свет, милый вы мой, наслаждение.

3) Теперь вся семья сходилась в деревянном сарайчике завтракать, обедать и ужинать.

4) Жизнь прожить не поле перейти.

6. В каком предложении выделенные слова являются дополнением?

1) Листья дуба почернели.

2) Бинокль для театра забыли дома.

3) Необходимо выполнить работу в срок.

7. В каком предложении выделенные слова являются определением?

1) Я поделился с ним своими опасениями.

2) В клинике в основном работали женщины-врачи.

3) Вопреки предсказаниям, мы не опоздали.

Тема 27. Второстепенные члены предложения. Лексическая тема: Выдающиеся личности Узбекистана.

К второстепенным членам предложения относятся определения, дополнения и обстоятельства.

Определения – это второстепенные члены предложения, обозначающие признаки и отвечающие на вопросы какой? чей? который? Определения относятся к членам предложения, выраженным существительными, и делятся на согласованные и несогласованные.

Согласованные определения – это определения, связанные с определяемым словом способом согласования и выраженные прилагательными, причастиями, порядковыми числительными или местоимениями, соотносящимися с прилагательными, например: У здания росли (какие?) голубые тянь-шаньские ели. На столе лежали (чьи?) Мишины книги. В (чьём?) нашем саду краснеют (какие?) спеющие вишни. Ты возьми (который?) третий билет.

Несогласованные определения связываются с определяемым словом способами управления или примыкания и выражаются именами существительными, наречиями, притяжательными местоимениями её, его, их, неопределённой формой глагола, а также цельными (неделимыми) словосочетаниями, например: Вода (какая?) из родника была очень холодная. На столе лежали книги (чьи?) Миши. Я быстро прочитал (чью?) его книгу. Больной ел яйца (какие?) всмятку. Желание (какое?) учиться всецело овладело мальчиком. На скамейке сидела девочка (какая?) с голубыми глазами.

Особым видом определений являются приложения. Приложения – это определения, выраженные именами существительными, согласованными с определяемыми словами в падеже, например: Старик Державин нас заметил и, в гроб сходя, благословил (А.С. Пушкин). Подлежащее в этом предложении – Державин. Какой Державин? – старик. Старик – приложение, оно согласуется с подлежащим в падеже (именительный падеж). Стоит только изменить форму слова Державин, как вслед изменится форма приложения старик: старика Державина, старику Державину, стариком Державиным т. д. Приложения чаще всего обозначают род деятельности (поэт Пушкин), возраст (старик Державин), национальность (студентка-казашка), собственные имена неодушевлённых предметов (река Волга, город Караганда, планета Земля). Особым видом приложений являются заключающиеся в кавычки собственные названия газет, журналов, книг, поездов, пароходов и пр., употреблённые рядом с родовым существительным, например: Я смотрю передачу (какую?) «Хабар», Мухтар Ауэзов – автор романа (какого?) «Путь Абая». Вышел очередной номер газеты (какой?) «Казахстанская правда».

Практические упражнения для закрепления предмета

Упражнение 1.Дополните предложения второстепенными членами. Спишите. Подчеркните подлежащее и сказуемое. Задайте вопросы ко всем словам.

1. Вырос город. 2. Девочка шьёт. 3. Осина дрожит. 4. Поспели ягоды. 5. Жужжат пчёлы. 6. Бегут ручьи. 7. Звенит звонок.

Слова для справок: новый; платье для куклы; тонкая, на ветру; в лесу, земляники; на лугу, трудолюбивые; прозрачные; последний.

Упражнение №2 Из каждой группы слов составьте и запишите по два предложения. Задайте вопросы от главных членов предложения к второстепенным. Подчеркните подлежащее и сказуемое.

На, юг, летят, птицы, на, зиму, зиме, к, готовятся, звери;

Поляны, лесные, опустели, ветер, только, листьями, шуршит, сухими;

Землю, укроет, снег, белый, скоро, пушистый, до, весны, жители, заснут, лесные.

Упражнение №3

Спишите предложение. Подчеркните подлежащее и сказуемое. Выпишите слова, связанные между собой по смыслу. Поставьте вопросы.

Летом в лесу звонко поют весёлые пташки.

пташки (какие?) ...

поют (как?) ...

поют (где?) ...

поют (когда?) ...

Упражнение №4

Прочитайте предложения. Выпишите сначала главные члены, а потом второстепенные.

1. Весной цветёт душистая сирень.

2. Дикие животные живут в лесах и полях.

3. В пруду быстро плавают зеркальные карпы.

4. Незаметно пролетело жаркое лето.

5. В лужах мокнут осенние листья.

Упражнение №5. Составьте предложения из трёх слов. Поставьте вопросы к второстепенным членам.

1. Подул ... ветер. 2. Улетают ... птицы. 3. ... каркает ворона. 4. Белка тащит ... . 5. Ёжик строит ... . 6. Волнуется ... рожь. 7. Зеленеет ... берёзка. 8. Медведь спит ... .

Слова для справок: в берлоге, резкий, громко, орешки, перелётные, золотая, стройная.

Упражнение №6. Выпишите из предложений слова, связанные между собой (кроме подлежащего и сказуемого). Поставьте вопросы.

1. Лебеди летели из холодной стороны в тёплые земли.

стороны (...?) ...

земли (...?) ...

летели (...?) из ...

летели (...?) в ...

2. На небе был полный месяц.

месяц (...?) ...

был (...?) ...

Упражнение №7. Выпишите второстепенные члены, которые отвечают на вопрос какой? какая? какие?

Из-за дальнего леса медленно выплыло солнце. Оно осветило белые леса и поля. Только кое-где на пригорке ветер сдул снежный наряд зимы. Там темнела мёрзлая земля. Где-то высоко летала небольшая серенькая птичка — жаворонок. С голубой высоты лилась на землю радостная звенящая песня. В этой песне слышались и тихий звон весенней капели, и журчание хлопотливого ручейка, и ещё что-то такое светлое, радостное, чего словами и передать нельзя.

Упражнение №8.Дополните текст второстепенными членами, отвечающими на вопросы какой? какая? какие?

Далеко-далеко разнеслась ... песня жаворонка по ... полям, по ... лугам и даже по ... ... трущобам.

И ... ... барсук, и ... медведь, и ... букашки слушали песню жаворонка и радовались. Сейчас уже не страшна ... стужа ... обитателям.

Слова для справок: весёлая, безбрежным, цветущим, лесным, глухим, толстый, ленивый, огромный, крохотные, лютая, лесным.

Упражнение №9.Выпишите из каждого предложения подлежащее и второстепенный член, который с ним связан. Связь установите по вопросу.

Образец: лето (какое?) жаркое.

1. В доме поселились страшные великаны. 2. В темноте засверкал кошачий глаз. 3. Голубая чашка стояла на столе. 4. Узенькая дорожка вела к пруду. 5. Новая квартира понравилась всем жильцам. 6. Старший брат подсмеивался надо мной. 7. Рыжая белка прыгала с ветки

на ветку. 8. Голодный волк рыскал по лесу. 9. За зиму больное крылышко зажило. 10. Еловые лапы скрыли зайца-беляка.

Упражнение №10. Выпишите из каждого предложения второстепенный член, который отвечает на вопрос как? и сказуемое, с которым он связан.

1. Громко квакают лягушки на болоте. 2. Долго и жалобно выл волк на луну. 3. Крот глубоко зарылся в землю. 4. Спокойно спит медведь в берлоге. 5. Тихо стрекочет кузнечик. 6. Высоко парят ласточки. 7. Медленно и осторожно подкралась лиса к уточке. 8. Ярко горят рябиновые гроздья. 9. Зябко дрожит на ветру молоденькая осинка. 10. Еле-еле слышится звон колокольчика.

Упражнение №11.Составьте из слов каждой строчки предложения. Запишите их. Подчеркните подлежащее и сказуемое. Выпишите слова, связанные между собой по смыслу.

Лежат, спелые, в, корзинах, яблоки.

В, давно, поспели, огороде, помидоры.

Упражнение №12.Выпишите второстепенные члены предложения, отвечающие на вопросы где? куда? откуда? вместе со сказуемым, к которому они относятся.

1. Птенчик выпал из гнезда. 2. В глубине сада есть красивая беседка. 3. На город спустилась огромная туча. 4. Школа стояла на краю города. 5. Дерево росло у крыльца. 6. Из избушки вышел дряхлый старичок. 7. Ёжик забрался под кровать. 8. Белка отнесла свои зимние запасы в дупло. 9. Пёс отошёл в сторонку. 10. В лесу зацвёл дуб. 11. На груди у птицы перья взъерошились.

Упражнение №13.Выпишите из предложений сказуемые и второстепенные члены, отвечающие на вопрос когда? которые к ним относятся.

1. Однажды в дверь постучал незнакомый человек.

2. Утром раздался оглушительный звонок будильника.

3. Завтра нужно сдать важную работу.

4. К вечеру поднялся ветер и резко похолодало.

Упражнение №14.Ответьте письменно на вопросы. Подчеркните главные члены предложения.

1. Когда реки и озёра покрываются льдом?

2. Что любит есть медведь больше всего?

3. Кто крякает?

4. Какого цвета незабудки?

5. Где живут слоны?

Упражнение №15.Составьте и напишите предложения. Подчеркните подлежащее и сказуемое. Выпишите пары слов, связанных по смыслу и грамматически.

Пчёлка, мёд, старательно, собирает. Села, на, она, ромашку. На, голубой, от, перелетела, ромашку, колокольчик. На, кашку, полетела, потом. Хорошо, труженица, работает, маленькая.

Упражнение №16.Отгадайте загадку. Спишите, ставя вопрос в скобках перед каждым словом. Подчеркните главные члены. Напишите отгадки.

1. Крашеное коромысло через реку повисло.

2. Белое покрывало на земле лежало.

Упражнение №17.Прочитайте. Напишите предложения, ставя в скобках вопросы к второстепенным членам.

Муравей спустился (...?) к ручью. Волна захлестнула (...?) его и (...?) чуть не потопила. Голубка несла (...?) ветку. Она бросила (...?) (...?) муравью (...?) в ручей. Муравей сел (...?) на ветку и спасся. (По Л. Толстому)

Упражнение №18. Выберите из великих личностей Узбекистана и дайте краткую информацию о них. Попробуйте использовать следующие слова в коротком творческом эссе?

великий, знаменитый, талант, способность, бесценный, богословие, работа, усилие, наука

Тема 28. Стили речи. Разговорный стиль. Официально-деловой стиль. Жанры официально-делового стиля. Лексическая тема: Амир Темур.

Аббревиатура – сложносокращенное слово.

Речь – это один из видов общения, которое необходимо людям в их совместной деятельности, в социальной жизни, в обмене информацией, в познании, образовании, она обогащает человека духовно, служит предметом искусства.

Стили речи – исторически сложившаяся система языковых средств, используемая в разных типах человеческого общения. К основным стилям речи относятся художественный, официально-деловой, научный, разговорный стили.

Жанры официально делового стиля речи: акт,

апелляция, декларация, доверенность, договор, заявление, меморандум, нота, отчет, переговоры, официальное приглашение, приказ, протокол, расписка, объяснительная записка, уведомление, указ, устав.

Речевые штампы – часто употребляемые слова и выражения, лишенные образности и используемые без учета контекста.

Канцеляризмы – слова официально-делового стиля, неуместно употребленные в других стилях речи.

Тип речи – способ изложения материала, выбранный автором. Выделяют три типа речи: описание, повествование, рассуждение.

Ситуация общения – условия, форма общения людей, зависящая от цели, обстановки и участников.

Практические упражнения для закрепления предмета

Упражнение 1.Отметьте признаки официально-делового стиля в приведенных статьях Конституции Российской Федерации. Выпишите из них лексику, словосочетания, характерные для данного стиля. Проанализируйте строение предложений, форму выражения сказуемых во всех случаях и сделайте вывод.

Статья 1.

1. Российская Федерация — Россия есть демократическое Федеративное правовое государство с республиканской формой правления.

2. Наименования «Российская Федерация» и «Россия» равно-значны.

Статья 2.

Человек, его права и свободы являются высшей ценностью в Российской Федерации. Признание, соблюдение и защита не-отъемлемых прав и свобод человека и гражданина — обязанность государства.

Статья 3.

1. Носителем суверенитета и единственным источником власти в Российской Федерации является ее многонациональный народ.

2. Народ Российской Федерации осуществляет свою власть непосредственно, а также через органы государственной власти и органы местного самоуправления.

3. Высшим выражением непосредственной власти народа яв-ляется референдум и свободные выборы.

4. Никто не может присваивать власть в Российской Федерации. Узурпация государственной власти является особо тяжким преступлением.

Упражнение 2.В настоящее время в официально-деловой сфере общения появляется много новых слов. Составьте по 2—3 словосочетания со следующими словами:

Мэр, мэрия, департамент, коммерсант, менеджер, брокер, акция, дивиденд, спонсор, меценат.

Упражнение 3. Из газет, радио- и телепередач подберите еще 10—12 слов, отражающих новые явления в официально-деловой сфере: запишите их и дайте краткое толкование, используя словари.

Упражнение 4. Распределите приведенные ниже слова, словосочетания и выражения по группам:

а) имеющие официально-деловую окрашенность;

б) входящие в лексику всех книжных стилей, в том числе и официально-делового;

в) не употребляющиеся в официально-деловом стиле.

Иметь место, нетрудоспособность, расторжение договора, обусловить, один-одинешенек, констатировать, терем, заводище, истец, командировочное удостоверение, заявка на участие, распорядок дня, в окрестностях города, принять к сведению, меланхоличный, делопроизводство.

Торжественное открытие, короткая память, мешанина, сойти с рук (фраз.), новое назначение, регистрация брака, осви-детельствование, лабораторные испытания, текущий (в значении «нынешний»), юнец, тезка, безотлагательно, судить да рядить, уведомление, нижеследующий акт, необходимо осуществлять.

Рекламация, неустойка, кассационная жалоба, аукаться, чарующий, ходатайство, в плановом порядке, добрый молодец, кумир толпы, попридержать язык, отгрузка товара, подсчитать свои возможности, избушка, вперегонки, именуемый, морфема, ингаляция, фрезер, поставить в известность.

Упражнение 5. Выразительные средства языка оживляют нашу речь, делают ее более эмоциональной. Справедливо ли это мнение применительно к стилю деловой речи? Прочитайте и определите, можно ли считать деловым документом заявление, приведенное ниже.

Определите стиль речи. Назовите жанр. От какого лица ведется повествование?

Найдите нарушения общепринятых языковых норм:

а) в подборе слов (их уместность, точность, соответствие данному стилю);

б) в сочетании слов;

в) в образовании форм слова; г) в построении предложения.

Укажите элементы официально-делового стиля, явно не соответствующие изображаемой ситуации, создающие комический эффект.

Упражнение 6.

Прочитайте тексты трех законов. Сравните их язык; выявите различия:

а) в используемой лексике;

б) в устойчивых словосочетаниях;

в) в манере, стиле изложения мыслей.

Чем вызваны эти различия? Какие нравственные нормы общества просматриваются за статьями законов в первом, втором и третьем случаях? Что в них меняется, а что остается вечным, общепризнанным?

Упражнение 7. 24 декабря 1714 года Петр Первый издал следующий указ. Постарайтесь правильно вслух прочитать его и передать его смысл.

Понеже многие лихоимства умножались, между которыми и подряды вымышлены и прочие тому подобные дела, которые уже наружу вышли, о чем многие, якобы оправдая себя, говорят, что сие не заказано было, не рассуждая того, что все то, что вред и убыток государству приключить может, суть преступления. И дабы впредь плутам (которые ни во что иное тщатся, точию мины под всякое доброе делать и несытость свою исполнять) невозможно было никакой отговорки сыскать: того ради запрещается всем чинам, которые у дел приставлены, дабы не дерзали никаких посулов казенных и с народа собираемых денег брать торгом, подрядом и прочими вымыслами. А кто дерзнет сие учинить, тот весьма жестоко на теле наказан, всего имения лишен, шельмован и из числа добрых людей извержен или и смертию казнен будет; то же следовать будет и тем, которые ему в том служили, и через него делали, и кто ведали, а не известили, хотя подвластные или собственные его люди, не выкручаяся тем, что страха ради сильных лиц, или что его служитель, а дабы неведением никто не отговаривался велеть всем у дел будучим к сему указу приложить руку, и впредь кто к которому делу приставлен будет прикладывать, а в народе везде прибить печатные листы.

1. Чтобы легче было воспринять содержание текста, выполните следующие задания: быстро, бегло

прочитайте указ, постарайтесь уловить общий его смысл. Выразите его коротко, по-своему, без тщательного редактирования; прочитайте текст еще раз и ответьте на вопросы:

– Какова его тема: о чем говорится в указе, о каких людях и каких государственных преступлениях? Какие наказания предписаны указом?

– К кому обращается царь в этом указе, на чью помощь он рассчитывает и прямо говорит об этом?

2. Прочитайте и разберите указ по предложениям, выявляя все его детали: перечень каких лихоимств дается в указе, чем, чьими интересами мотивируется указ, что, согласно указу, считается преступлением и т. д.

3. Выпишите и проанализируйте непривычную для вас лексику, непривычные формы слов: их грамматическое значение и современный эквивалент (замена современным словом, формой слова, словосочетанием).

4. Проведите наблюдение над синтаксисом текста, сделайте общий вывод о соотношении простых и сложных предложений, сложносочиненных и сложноподчиненных, о союзах, о месте сказуемого в предложении и морфологических средствах выражения сказуемого.

5. Обратите внимание на порядок слов в предложениях и словосочетаниях, сопоставьте его с современным порядком слов.

Упражнение 8. Подготовить презентацию об Амире Темуре и его потомках в MS Power Point?

Тема 29. Языковые средства, специальные приёмы и речевые нормы для оформления реферата. Структура реферата. Лексическая тема: Исхокхон Ибрат.

Этимологическое значение слова реферат – (лат. reffere – сообщать, докладывать) определяет содержание данного научного реферативного жанра: объективное краткое сообщение в письменном виде или в форме публичного доклада содержания документа или первоисточника, излагающее основные фактические сведения и выводы. Реферат – это один из самых распространенных типов вторичных текстов.

Назначение реферата – информировать о содержании реферируемого документа, выявление основной или какой-либо определенной информации. Реферат предоставляет возможность определить, насколько необходимо обращаться к первоисточнику и с какой именно целью.

Существуют несколько видов рефератов:

информативные (конспективное изложение существенных положений оригинала первичного документа в обобщенном виде);

индикативные (рефераты-резюме, расширенные аннотации) сообщающие о чем говорится в документе;

монографические (составляются по одному источнику, и называется выборочным реферированием);

сводные – это рефераты на заданную тему по нескольким источникам с полным, систематизированным и обобщенным их содержанием;

обзорные – рефераты на обширную тему по нескольким документам с краткой характеристикой содержания каждого из них в отдельности.

Обзорное реферирование – это средство информации о наличии литературы по определенному вопросу. Обзорный реферат строится на основе аннотаций на ту часть первоисточника, которые относятся к интересующей референта теме. Затем аннотации по тематическому признаку объединяются в обзорный реферат;

авто-реферат – реферат, составленный автором документа.

Реферат состоит из следующих частей: библиографическое описание (перевод заглавия статьи, документа; заглавие на языке оригинала; фамилия и инициалы автора; название издания (зд. журнала), год, том, номер или дата выпуска, страницы, язык публикации. Библиографическим описанием служит продолжением заглавия реферата и в самостоятельный абзац не выделяется. текст реферата;дополнительные сведения (адрес организации автора статьи в круглых скобках; сведения о количестве иллюстраций, таблиц и библиографии; первая буква имени и полная фамилия референта). Текст реферата пишется (печатается) с абзаца и начинается с изложения существа проблемы, рассматриваемой в реферируемой статье. Здесь следует избегать таких вводных фраз, как: «автор статьи рассматривает», «целью настоящей работы является», и т.п.

Практические упражнения для закрепления предмета

Упражнение 1.Подберите тексты аннотаций из книг по вашей специальности. Определите вид аннотаций и выделите в них структурные части.

Упражнение 2.Подберите тексты научных статей по вашей специальности и составьте к ним аннотации различного вида.

Упражнение 3.Составьте аннотации книг, которые вы посоветовали бы прочитать своим однокурсникам, знакомым с целью ознакомления с какой-либо учебной/научной проблемой или для реализации других целей чтения (научиться чему-нибудь, получить эмоциональное удовольствие и т.п.).

Упражнение 4.Выберите форму, соответствующую литературной норме.

Мокший – мокнувший, промокший – промокнувший. 2. Мёрзший – мёрзнувший, замёрзший – замёрзнувший. 3. Гасший – гаснувший, угасший – угаснувший. 4. Сохший – сохнувший, засохший – засохнувший.

Упражнение 5.. Образуйте существительные женского рода от предложенных слов.

Араб, турк, китаец, кавказец, поляк, индеец, азербайджанец, индиец.

Упражнение 6. Выберите форму, соответствующую литературной норме.

Машет – махает, пашет – пахает. Мурлычет – мурлыкает, мучит – мучает. Хнычет – хныкает, щиплет – щипает. Полощет – полоскает, рыщет – рыскает.

Упражнение 7.Укажите случаи неправильного или стилистически неоправданного употребления названия профессий. Исправьте предложения.

Я бы хотела быть дизайнером или модельершей. Главную партию исполнял мой любимый балерун. Директорша завода рассказала о планах на будущий год. Кассирша опять долго отсутствовала. Главная бухгалтер закончила работу. Докладчик остановилась на основных проблемах.

Упражнение 8.Подберите к существительным мужского рода существительные женского рода, а к существительным женского рода - существительные мужского рода. Определите стилистические и семантические различия между ними. Отметьте случаи отсутствия родовых пар.

Адвокат, аквалангист, бакалавр, бригадир, врач, балерина, вокалистка, гонщица, доярка, генерал, директор, доктор, доктор наук, защитник, маникюрша, массажистка, машинистка, санитарка, инженер, космонавт,

Упражнение 9.Исправьте ошибки в словоупотреблении.

Жёлтые сапоги были рванее, чем эти. На ихней стоянке горел костёр. Я очень хотел стрельнуть из ружья. Мой сосед был богатей меня. По вечерам мы жгём костёр. «Едь уже», - вздохнула мать. Соперник явно был слабже. Он громко кричал: «Ехай скорей». «Слазь с дерева», - крикнула мне сестра. Она была красивше своей подруги.

Я не думал, что очутюсь в полной темноте. У них есть такой специальный пистолет: стрельнёшь, и газ зажигается.

Упражнение 10. Подготовить презентацию об Исаконе Ибрате и его потомках в MS Power Point?

Тема 30.Языковые средства, специальные приёмы и речевые нормы для оформления рецензии. Структура рецензии. Лексическая тема: Великий шёлковый путь.

По определению жанра ретроспекции можно определить его назначение, лексику и синтаксис. Лексика точная, замкнутая, используются устойчивые выражения типа: было проведено..., итоги исследования таковы....

Относительно всевозможных стилистических отступлений от правил и закономерностей стиля существует определенная норма, нарушение которой считается недопустимым.

Основная особенность жанра ретроспекции – это портативность. Форма написания свободная, может включать таблицы, формулы и т. д.

Иногда в жанре ретроспекции присутствуют сочинительные и подчинительные конструкции, которые выражаются сложносочиненными и сложноподчиненными предложениями, соединительными союзами и или а. Подобные конструкции уместны по форме и содержанию в свободных формах отчетности. В документах, написанных в деловом стиле, присутствие соединительных и присоединительных конструкций представляет интересное явление. Язык написания деловых документов достаточно прост, в них не принято употреблять длинные конструкции, поскольку это приводит к неоднозначному пониманию текста.

Встречаются предложения с однородными членами, которые образуют сочинительное словосочетание. Однородные члены выражаются словами разных частей речи. Вместе с однородными членами предложения можно увидеть обобщающие слова, объединяющие перечисленные определения в один собирательный образ, например, миксеры, микроволновые печи, тостеры иное – товары, произведенные на предприятии. Слово «товары» будет обобщающим.

Итак, языковые средства, лексика и другие лексические приемы, предназначенные для использования в жанрах ретроспекции, более свободны и специфичны, чем в других документах официально-делового стиля. Это не просто стилистические отступления, а необходимые для данного вида документов условия. Например, любой отчет должен быть подробным и четким, чтобы не упустить каких-либо важных моментов, здесь включают перечисления, однородные члены и обобщающие слова. Полилог – это такой жанр, который подразумевает не просто беседу, а вопросы и ответы, которые фиксируются на бумаге. К жанрам-полилогам относят собрания, совещания, переговоры, интервью. Подразумевается участие в них двух и более человек. В основе этих жанров лежит устная разговорная речь.Собрание – это сбор коллектива в школе, на предприятии, в фирме и т. д. Оно имеет определенную цель и задачу, решение которой должно приниматься всем коллективом.

В начале собрания обязательно оглашается повестка дня, в которой указываются вопросы для рассмотрения и обсуждения. Перед началом обсуждения основных вопросов выбираются президиум, председатель, ведущий собрание и секретарь, ведущий протокол. В протокол записываются только основные моменты доклада, его обсуждение и принятые постановления и решения.

Совещание концептуально более строгая форма, чем собрание. На совещании присутствует не весь коллектив предприятия, а только представители и руководители производственных единиц (начальник отдела, заведующий кафедрой и т. д.). Этим людям доверено решение важных задач данного предприятия (школы, вуза). Каждое совещание решает определенный круг вопросов.

Практические упражнения для закрепления предмета

Упражнение 1.Проанализируйте тексты рецензий, выявите особенности содержания и формы жанра. Определите, какие стан-дартные конструкции использованы авторами. Охарактеризуйте достоинства и недостатки данных текстов.

Книга А. Казакова, А. Якушева — учебное пособие для учащихся старших классов лицеев, колледжей и гимна-зий. Создание такого учебного пособия достаточно акту-ально, так как жизнь требует, чтобы в школу вернулись те науки, которые были забыты школой. Авторы в увлека-тельной форме знакомят старшеклассников с основами логики. Аспект рассмотрения логики — роль и значимость парадоксов в мышлении.   Книга состоит из одиннадцати глав, в которых после-довательно раскрываются следующие темы: логика как наука, система доказательств, проблемы понимания и ло-гика, связь логики и семиотики, проблемы истинности и ложности, история логики как науки, дедукция и индук-ция, связь логики и жизни, логика и психика людей.   Особый интерес представляет глава «Логика вокруг нас». В этой главе авторы убедительно рассказывают, ка-кова природа логических ошибок, как связана логика и риторика (особо останавливаются на теории споров) и др. Рассмотрение логики мифа и сказки приводит авторов к проблеме логики в искусстве. Авторы приходят к выводу о том, что в искусстве может существовать несколько различных логик, с одной стороны, с другой стороны, познание средствами искусства отличается от научного познания, так как не требует проверки и подкрепления практикой. В параграфе, посвященном логике в науке, авторам удалось показать возможность существования взаимоисключающих теорий как основы прогресса в научном мышлении и знании.

В книге очень много интересных примеров как из исто-рии античности, так и из современной жизни. В конце каждой главы авторы приводят тот или иной парадокс, связанный с темой главы. Так, например, глава, посвя-щенная логике как науке, заканчивается известными па-радоксами о повешенном, о троянской мухе и парадоксом Остина.

Упражнение 2 .На реферат «Католический универсализм» ученицы ... *** класса

Реферат ... посвящен теме, связанной с проблемами одного из направлений христианства — католичества. Выбор темы характеризует автора как человека, желающего разобраться в проблемах, связанных с изучением католицизма как культурологического явления.

Структура работы соответствует требованиям к реферату как научно-учебной работе. Реферат состоит из введения, двух частей и заключения. Во введении НН раскры-вает основные понятия, которые будут использованы в работе, говорит о целях, задачах реферата, пытается дать характеристику изученных источников.

Первая часть работы посвящена характеристике католицизма. Автор рассматривает основные положения и дог-маты католицизма, отношение к Священному Писанию, отмечает особый культ Богоматери и т .д.

Вторая часть посвящена непосредственно католическому универсализму. Эта часть написана значительно слабее. При чтении возникает странное ощущение, что попал в далекое советское прошлое — как будто не было ника-ких перемен ни в общественном сознании, ни в идеологии. Текст пестрит до боли знакомыми словами: капитализм, религиозная пропаганда, реакционная социальная де-ятельность, тяжелая феодальная и. капиталистическая эксплуатация народных масс, безудержное паразитирова-ние на самых отсталых предрассудках и т. д. Слова Бог, Св. Троица пишутся со строчной буквы, святые и мучени-ки поминаются исключительно в кавычках.

И дело не в воинствующем атеизме автора работы, а в нежелании хотя бы немного напрячься и написать са-мостоятельную работу, а не сканировать устаревшую брошюрку.

В списке литературы упоминается В. Поснов. Автору данного реферата предлагается воспользоваться только этой книгой и написать самостоятельную работу на ту же тему — без механического копирования чужого текста.

Упражнение 3.Напишите рецензию на статью А. Лосева «Об интеллигентности». В рецензии постарайтесь прояснить, как вы от-носитесь к идеям А. Лосева, насколько, с вашей точки зрения, эта статья актуальна.

ОБ ИНТЕЛЛИГЕНТНОСТИ

1. Что не есть интеллигентность.

Интеллигентность не есть ни большое накопление знаний, ни владение какой-нибудь профессиональной специализацией, ни участие в общекультурном прогрессе, ни просто моральное поведение или художественная способность, ни просто какое-нибудь общественно-историческое происхождение, ни просто принадлежность к некоторой общественно-политической прослойке. Все эти качества и особенности либо являются выражением интеллигентности, но не самой интеллигентностью, либо нейтральны к интеллигентности, либо даже враждебны к ней.

2. Интеллигентность и личность.

В первую очередь интеллигентность есть та или иная жизнь личности, или, вообще говоря, функция личности. Но что такое личность? Личность есть индивидуальный сгусток <...> природных, общественных и исторических отношений. Но интеллигентность не только это, потому что всякий человек, даже совсем неинтеллигентный, всегда тоже есть какая-нибудь личность, хотя бы и ничтожная.

3. Интеллигентность и идеология.

Ясно, что интелли-гентность есть функция личности, возникающая только в связи с той или иной идеологией. <...> И опять-таки не к идеологии вообще. Такая общая идеология тоже свойственна всем, и даже неинтеллигентным. <...> Какова же в данном случае идеология интеллигентности?

Делая предельно общий вывод и подводя итог всем частностям, необходимо сказать, что интеллигентен тот, кто блюдет интересы общечеловеческого благоденствия. Интеллигент живет и работает в настоящее время так, как в будущем станет жить и работать человек в условиях общечеловеческого благоденствия. И при этом вовсе не обязательно, чтобы интеллигент сознавал это в подробностях и чтобы вообще это сознавал. <...> Лучше будет сказать, что интелли-гент не мыслит свою интеллигентность, но дышит ею, как воздухом. Ведь дышать воздухом не значит же понимать воздух только химически, а дыхание — только физиологически. Идеология интеллигентности возникает сама собой и неизвестно откуда; и действует она, сама не понимая своих действий; и преследует она цели общечеловеческого благо-денствия, часто не имея об этом никакого понятия.

Упражнение 4. Интеллигентность и переделывание действительности.

Культурную значимость интеллигентности, всегда существующей среди общественно-личных и природных не-совершенств, в наиболее общей форме можно обозначить как постоянное и неуклонное стремление не созерцать, но переделывать действительность. Интеллигентность, воз-никающая на основе чувства общечеловеческого благоденствия, не может не видеть всех несовершенств жизни и не может оставаться к ним равнодушной. <...>

Культура интеллигенции, как того требует само значение термина «культура», включает переделывание действительности в целях достижения и воплощения заветной и тайной мечты каждого интеллигента работать ради достижения об-щечеловеческого благоденствия.

Упражнение 5.Интеллигентность и культура.

Латинское слово «культура» означает «обработка», «разработка», «переработка», «возделывание». Это значит, что культура никогда не может быть наивной. Она всегда есть сознательная работа духа над своим собственным совершенствованием и над упорядочением всего того, что окружает человека. В этом смысле интеллигентность уже перестает быть просто наивной. <...>

Быть интеллигентом — значит постоянно и неустанно трудиться. И притом интеллигентность не есть просто вооруженность, но и готовность вступить в бой. А чтобы вступить в бой, надо ориентироваться в общественно-исторической обстановке. Но так как подобная ориентация требует уже критического подхода к действительности, то интеллигентность свойственна только такому человеку, который является критически мыслящим общественником. Интеллигент, который не является критически мыслящим общественником, глуп, не умеет проявить свою интеллигентность, т. е. перестает быть интеллигентом. При этом вступать в бой для интеллигента часто даже и нецелесообразно. Еще надо знать, когда вступать в бой, а когда не вступать. Все эти вопросы интеллигент решает на основе своей общей идеологической направленности и на основе критического понимания общественно-исторической обстановки. Это и есть культурное дело интеллигентности. Такой культурный труд не есть печальная необходимость, но всегдашняя радость, всегдашняя духовная легкость и всегдашний праздник. Для интеллигентного человека труд есть праздник вечной молодости и радостного служения общечеловеческому счастью.

Упражнение 6. Интеллигентность и общественно-личный исторический подвиг.

В истории весьма редки и непродолжительны такие периоды, когда можно быть интеллигентом и в то же самое время быть уверенным в своей полной безопасности. Чаще и продолжительней те периоды, когда интеллигентность заставляет людей заботиться о себе и о своей культуре, когда она вынуждена обстоятельствами заботиться о своем вооружении и о своей защите. Однако еще чаще, еще продолжительней такие периоды, когда наступает необходимость боя. Да и не только в истории как в общей картине человеческого развития. Самый обыкновенный быт, самая мирная с виду обывательская жизнь всегда полны забот и тревог, опасностей и потерь, всегда бурлят неизвестно какими возможностями. Поэтому подлинная интеллигенция вооружена не только ради открытого в полемическом споре обнаружения истины, но и ради необходимости бороться со всякого рода скрытыми несовершенствами жизни. <...>

И нет другого слова, которое могло бы более ярко выразить такую сущность интеллигентности, чем слово «подвиг». Интеллигентность - это ежедневное и ежечасное несение подвига, хотя часто только потенциальное.

Упражнение 7. Интеллигентность и простота.

Если подвести итог всему сказанному, можно наметить такую предварительную форму интеллигентности. Интеллигентность есть индивидуальная жизнь или функция личности, понимаемой как сгусток природно-общественно-исторических отношений, идеологически живущей ради целей общечеловеческого благоденствия, не созерцающей, но переделывающей несовершенства жизни, что повелительно требует от человека потенциального или актуального подвига для преодоления этих несовершенств.

Этот итог звучит слишком сложно. <...> Все указанные нами отдельные признаки интеллигентности существуют в ней безо всякой раздельности и расчлененности, существует как неделимая единичность, как некая духовная простота. Подлинный интеллигент всегда прост и незатейлив, всегда общителен и откровенен и не склонен аналитически вдумываться в свою интеллигентность. Интеллигент тот, кто, как сказано, всегда целесообразно трудится; но он всегда настолько прост душой, что даже не чувствует своего превосходства над людьми неинтеллигентными. В этом смысле интеллигентности нельзя научиться, но она требует длительного воспитания и самовоспитания. Она не есть философский трактат об интеллигентности; но она есть та культурная атмосфера, и она есть простота, которая где-то и когда-то и часто неизвестно почему сама собой возникает в человеке и делает его интеллигентным. <...>

Упражнение 8. Об осуществимости интеллигентности.

В заключение мне бы хотелось ответить на один вопрос, который возникает у многих при ознакомлении с моей теорией интеллигентности. Говорят, что такая интеллигентность чересчур уж высока, чересчур недосягаема и потому практически неосуществима. <...>

Быть интеллигентным в моем смысле слова — это, конечно, нелегко, и тут требуется

Упражнение 8. Что вы знаете о Великом шелковом пути? Какие регионы в настоящее время являются частью Великого шелкового пути?

РЕКОМЕНДУЕМАЯ ЛИТЕРАТУРА

Основная литература

1.	Болотнова, Н. С. Современный русский язык: Лексикология. Фразеология. Лексикография : контрольно-тренировочные задания: учеб. пособие / А. В. Болотнов; Н. С. Болотнова . – М. : ФЛИНТА, 2019. – 224 с.

2.	Кормилицына, М. А. Язык СМИ : учебное пособие / М. А. Кормилицына, О. Б. Сиротина. – М. : ФЛИНТА, 2019. – 92 с.

3.	Нетяго, Н. В. Лексикология современного русского языка. Краткий курс для иностранных учащихся : [учеб.-метод. пособие] / М. В. Дюзенли. – М. : ФЛИНТА, 2017. – 99 с.

4.	Федуленкова, Т. Н. Пословицы в фразеологическом поле: когнитивный, дискурсивный, сопоставительный аспекты: монография / Науч. ред. Т. Н. Федуленкова. – Владимир, 2017. – 232 с.

5.	Федуленкова, Т. Н. Современная фразеология: тенденции и инновации: Монография / Н. Ф. Алефиренко, В. И. Зимин, А. П. Василенко, Т. Н. Федуленкова, Д. О. Добровольский, А. М. Мелерович, В. М. Мокиенко; отв. ред. А. П. Василенко. – Москва, Санкт-Петербург, Брянск : «Новый проект», 2016. – 200 с.

Дополнительная литература

6.	Арутюнова, Н. Д. Язык и мир человека / Н. Д. Арутюнова. – М., 2018.

7.	Архипов, И. К. Пространство и время глазами языковой личности / И. К. Архипов // Теория коммуникации. Языковые значения. – Минск, 2019.

8.	Бобунова, М. А. Русская лексикография XXI века : учебное пособие / М. А. Бобунова. – М. : Флинта : Наука, 2019.

9.	Будагов, Р. А. Язык и речь в кругозоре человека. М., 2020.– 244 с.

10.	Введенская, Л. А. Русская лексикография : учебное пособие / Л. А. Введенская. – М. – Ростов-на-Дону : МарТ, 2017.

11.	Виноградов, В. В. О культуре русской речи / В. В. Виноградов. –М., 2019.

12.	Демьянов, В. Г. Иноязычная лексика в истории русского языка XI– XVII веков: Проблемы морфологической адаптации /В. Г. Демьянов. – М. : Наука, 2021.

13. Дубичинский, В. В. Лексикография русского языка : учебное пособие / В. В. Дубичинский – М. : Флинта : Наука, 2019.

14. Король, А. Д. Основы эвристического обучения: учеб. Пособие / А. Д. Король, И. Ф. Китурко. – Минск : БГУ, 2018. – 207 с.

15. Лихачёв, Д. С. Концептосфера русского языка / Д. С. Лихачёв // Русская словесность: Антология. – М. : Academia, 2017.

16. Лопатин, В. В. Многогранное русское слово. Избранные статьи по русскому языку / В. В. Лопатин. – М. : [Азбуковник], 2017. – 743 с.

17. Мокиенко, В. М. Образы русской речи. Историко-этимологические очерки фразеологии / В. М. Мокиенко. – М. : Флинта : Наука, 2019.

18. Нормы русского литературного языка : учебное пособие по культуре речи / Л. А. Константинова, Л. В. Ефремова, Н. Н. Захарова и др. – М. : Флинта : Наука, 2020. – 166 с.

19. Русская судьба крылатых слов / Рос. акад. наук, Ин-т рус. лит. (Пушкин. Дом). – Санкт-Петербург : Наука, 2020, – 633 с.

20. Русский язык и культура речи: Учебник / Под ред. В. И. Максимова. М., 2020.

21. Солодуб, Ю. П. Современный русский язык. Лексика и фразеология : сопоставительный аспект : учебник / Ю. П. Солодуб, Ф. Б. Альбрехт. – М. : Флинта : Наука, 2022.

22.   Храпа, В. В. От адамова яблока до яблока раздора. Происхождение слов и выражений / В. Храпа. – М. : ЭНАС, 2017.

23.   Шкапенко, Т. М. Русский "тусовочный" как иностранный : учеб. пособие / Т. Шкапенко, Ф. Хюбнер. – Калининград : Янтарный сказ, 2018. – 197.

Справочная литература (словари и справочники)

24.   Ахманова, О. С. Словарь омонимов русского языка. – М., 2016.

25.   Большой толковый словарь синонимов русской речи / Под общ. ред. Л. Г. Бабенко. М. : АСТ-ПРЕСС, 2018. 786 с.

26.   Вишнякова, О. В. Паронимы современного русского языка. – М., 2017.

27.   Головина, Э. Д. Различая слова. Трудные случаи современного русского словоупотребления: Экспресс-справ. / Э. Д. Головина. – Киров, 2017.

28.   Горбачевич, К. С. Краткий словарь синонимов русского языка. М. : Астрель, 2011. 605 с.

29.   Даль, В.И. Пословицы русского народа / В. И. Даль – М. : Изд-во ЭКСМО-Пресс, Изд-во ННН., 2011.

30.   Даль, В. И. Пословицы русского народа / В И. Даль – М. : Изд-во ЭКСМО-Пресс, Изд-во ННН., 2000.

31.   Даль, В.И. Толковый словарь русского языка. Современная версия / В. И. Даль – М.: Изд-во ЭКСМО-

Пресс, Изд-во ННН., 2000.

32.   Даль, В.И. Толковый словарь русского языка. Современная версия / В. И. Даль – М.: Изд-во ЭКСМО-Пресс, Изд-во ННН., 2000.

33.   Колесников, Н. П. Лексико-грамматический словарь русского языка

/ Н. П. Колесников. – Ростов н / Д, 1996.

34.   Комлев, Н. Г. Словарь иностранных слов / Н. Г. Комлев. – М., 2000.

35.   Лингвистический энциклопедический словарь / гл. ред. В. Н. Ярцева. – 2-е изд., доп. – М., 2002.

36.   Лингвистический энциклопедический словарь. – М., 1990.

37.   Львов, М. Р. Словарь антонимов русского языка. – М., 2001.

38.   Ожегов, С. И., Шведова, Н. Ю. Толковый словарь русского языка. – М., 1997.

39.   Русское культурное пространство. Лингвокультурологический словарь. М., 2004.

40.   Словарь русского языка: в 4-х т. / АН СССР, Ин-т рус. яз .; под ред. А.П. Евгеньевой. – 2-е изд., испр. – 1981.

41.   Словарь-тезаурус синонимов русской речи / Под общ. Ред. Л. Г. Бабенко. М.

: АСТ-ПРЕСС, 2008.

42. Стилистический энциклопедический словарь русского языка / Л. М. Алексеева [и др.] ; под ред. М. Н. Кожиной. – 2-е изд. , испр. и доп. – М., 2006.

43. Толковый словарь русского языка конца XX в. Языковые изменения

/ гл. ред. Г. Н. Скляревская. – СПб., 2000.

44. Фразеологизмы в русской речи : слов.-справ. / сост. Н. В. Баско. – М. : Флинта; Наука, 2002. – 269 с.

Электронные ресурсы

1. Электронно-библиотечная система Znanium [Электронный ресурс].

– Режим доступа: http://znanium.com. – Дата доступа: 09.09.2021.

2. Электронная библиотечная система БиблиоРоссика [Электронный ресурс]. – Режим доступа: http://bibliorossica.com. – Дата доступа: 18.07.2021.

3. Электронная библиотека БГУ [Электронный ресурс]. – Режим доступа: https://elib.bsu.by. – Дата доступа: 06.08.2021.